佛洛依德 *Sigmund Freud* 著　丁偉 譯

Freud

佛洛依德談戀父情結

少女杜拉的故事

Dora *an analysis of a case of Hysteria*

繼精神分析鉅著《夢的解析》之後，
佛洛依德又一震驚世人的臨床報告。
少女杜拉的神經質舉動、自白，以及稀奇古怪的夢境，究竟具有什麼隱密的內涵？
且讓我們與75位藝術大師聯手，直探這位神祕少女心靈的幽微祕境。

烏爾比諾的維納斯

提香，1538年，畫布、油彩，120 × 165公分，佛羅倫斯烏菲茲美術館。

這是提香早期的繪畫傑作，畫家對題材的處理十分大膽，罕見地把神話中的人物放置到日常生活的場景中，華麗的室內陳設，侍侯主人的女僕，以及躺在維納斯腳邊的小狗，都強調化了這種處理，神聖的維納斯變成為真實的凡間美女，繪畫用來滿足感官享樂的意圖更為明顯。

這幅畫，無意之中十分貼切地表敘了少女杜拉的情結：珠寶盒通常象徵著一個完美的女性生殖器，而杜拉就像背景中的少女一樣，一邊希望被人窺視到內心的煩亂，一邊不停地翻動珠寶盒夢魘，在家庭的監視下使自慰意象得到滿足。畫中微笑而寧靜的愛神維納斯，則像杜拉的現實中的假象。

Cont

ents

序

夢的結束和開始

　　從「五四」新文學運動開始，佛洛依德的名字，就在魯迅等人的介紹下傳入了中國。佛洛依德的學說從問世之初，就一直存在著廣泛的爭議，即使是在中國也不例外。但正是在曠日持久近百年的褒貶聲中，他卻成了本世紀國際學術界最具影響力的人物之一。

　　佛洛依德關於心理學、病理學、醫學、哲學文化學和文藝學的多種學說，開啟了西方學術研究領域的心理學時代，許多理論觀點和學術流派都或正面或反面地得益於佛洛依德主義。

　　可以毫不誇張地說，佛洛依德關於性本能、潛意識和夢幻等學說，已經廣泛地融入了西方現代文化之中，構成了西方精神文化和意識形態的一種重要基礎。

　　當代西方人的思想觀念、價值取向和行為生活方式，都與佛洛依德的學說密切相關。基於此，西方有許多學者把佛洛依德與馬克思、愛因斯坦並列，合稱為改變了現代思想的三個最偉大的猶太人。

　　儘管中國思想文化界沸沸揚揚近10年的「佛洛依德」熱，現在已逐漸退潮和歸於沉寂，但冷靜地重讀佛洛依德，可能會有新的發現和意外的驚喜，因為要真正全面地瞭解西方，要深刻而全新地瞭解人的自我，就不可能不首先瞭解佛洛依德。

佛洛依德最重要的理論發現，是他的無意識學說和釋夢觀念，而他的這些觀點是以一整套較為系統的「深層心理學」理論作為科學依據的。其「深層心理學」，最初是建立在意識和無意識這兩塊基石上的，他把這種人格機制的二元結構看成是人類精神活動的主體：無意識是廣闊有力、決定意識的部分，而人的能動意識過程卻僅僅是心靈分離出的小部分或某些外在動作。

這即是說，人的精神活動若是座冰山，只有很小的部分浮於意識領域，而絕大部分都淹沒在意識的水平線之下，處於無意識狀態。這一發現，無疑導致了人們對自我心理深度決定力量的重新認識，這是人類自我探索歷史中一次重大的轉折。

1923年，佛洛依德注意到了維持個體生存及綿延種族的各種性能量，這種儲蓄著大量原始衝動的「生活本能」（Eros）是用籠統的無意識理論無法細分和概括的。因此，在《自我和伊特》一書中，他引入了「伊特」和「超我」這兩個概念，修改了意識和無意識的簡單劃分，最後確定了自己的心理機制結構理論，對人的心理機制和級差提出了更基本的、更嚴格的標準。人的現實生活中和文化創造中的心理機制，也正是在這種普通心理機制的基礎之上形成的。

佛洛依德認為，人的心理結構分為三個層次：

第一級的「本我」（id）——代表著人的原始本能衝動，是人格中最有力又極難接近的部分，它受「快樂原則」的支配，就像是一口充滿混沌、激動和沸騰的大鍋；第二級的「自我」（ego）——是從「本我」中產生出來、具有調節功能的社會因

素，其心理構向是滿足本能欲望，大部分為無意識內容，受「現實原則」的支配；第三級的「超我」（superego）——是佛洛依德「自我理想」、「自戀作為」（Narcissis ticagency）涵義的擴散，代表著更為嚴格的道德標準和審美標準，壓抑本能衝動，監督指導「自我」，受「道德原則」的支配。

這三者的矛盾衝突，構成了意識和無意識的對立；這三者的交互作用，構成了心理機制的整體和特質：「本我」代表了生物性的一面，「自我」構成了心理性的一面，「超我」意味著社會性的一面。意識是外化型的心理活動，而無意識卻是本能衝動的原始貯存所，一切不能滿足的欲望都被推進這個領域，暗中對人的行為產生支配作用。在本能衝動中，佛洛依德最強調的是性欲，他稱之為「里比多」（Libido），這是一種幾乎人剛出生就有的性能量，藝術創造和欣賞、做夢都是性欲衝動象徵的、變相的滿足。人的一切活動的最終基因，就是無意識之中的性欲。

毫無疑問，佛洛依德絕不是嚴格意義上的科學家和文藝學家，他僅僅是一個國際精神分析運動的創始人和領袖。在現實生活中，他只是一個心理學教師，一個有開業執照的精神病醫

生。但佛洛依德是誠實的，他從不標榜自己的學說和精神分析法是可以經過實驗的「純科學」，他承認這是一種「神話」，是由臨床經驗推想出來的一系列假說。但人們不要忘記，佛洛依德又是一位藝術修養和文學根底都頗為豐厚的醫生，他的研究從一開始就有意涉足文化和文藝領域。由於他一生博覽世界名著，酷愛古希臘神話，談

吐中經常信口引用，他的醫學、心理學專著中也因穿插了大量的文學典故而顯得生動暢達、饒有情趣。

《少女杜拉的故事》就是佛洛依德豐富嚴謹的臨床實踐與天才神奇的文學想像的完美結合——既是一個充滿科學專業色彩的病變心理學報告，又是個耐人尋味、引人入勝和寫法新穎的文學故事。由於佛洛依德高深的文學造詣和理論文筆的優美流暢，他被公認為德語散文大師。1930年，佛洛依德獲得了「歌德文學獎」，是他一生最引為驕傲的榮譽。自然，佛洛依德也是當之無愧的，這也是佛洛依德學術理論研究的一大重要特色。

要瞭解佛洛依德，就必須走進《少女杜拉的故事》，深入到杜拉那神秘莫測的心理深處和夢幻世界。從這本佛洛依德第一部獨立完整的病例故事中，人們可以瞭解杜拉的「伊底帕斯情結」（Oedipus complex）的形成過程和怪異表現，可以知道家庭情感關係變化對一個少女的性心理發育變異的重要影響，可以看清佛洛依德對少女之夢令人驚歎的細微分析。

當你從這個「故事」裡走出來的時候，也許你會由杜拉聯想到你自己，聯想到你周圍熟悉的少男少女，聯想到許許多多的人。注視著各色清亮和混濁的目光，你恍然大悟——人是複雜的，也是極其簡單的！

但無論如何，《少女杜拉的故事》都不是一部通俗的消遣讀物，它平實而不平泛，深刻而不深奧，這自然需要一定的知識素養和理解力。為了幫助讀者更好地瞭解「故事」的精彩之處和全貌，我們特地精選了西方歷代，尤其是現代繪畫中的一些精品名作，從中人們不難看出，佛洛依德精神的根源和對西方文藝產生的巨大影響。

第一章
緒　論

我從不猶疑與人談論這個問題，
甚至對年輕女孩也一樣。

──性的問題，將在這個病歷中被公開而坦白地討論，性器官和
　性功能都有科學的、恰當的名稱。

　　我曾在1895～1896年期間，發表了一部分有關歇斯底里病源學的觀點與其形成過程的看法。為了證實那些觀點，幾年後的今天，我將在這裡向大家提供一個詳盡的病歷紀錄。我先在這裡做個緒論，對我採取的步驟和方法進行必要的說明，理由是為了減少可能由此而引起的問題，避免節外生枝。

　　我發表這些年的研究心得，似乎顯得有些草率，因為這些心得還未經過其他專家的驗證，其中難免有些驚世駭俗的內容。但是，現在我還要再做一件草率度相同的事情，那就是把這些作為理論基礎的資料發表出來。為此，我一定會遭到來自各方的非議，諸如也許會被指責根本沒有摸清楚病人的情況，或未經允許公開病人的隱私、病人的隱私權遭到侵犯等等。儘管這些非議所用的藉口不一樣，但其險惡用心卻是一樣的。所以，我直接放棄了和解的想法，不去理睬這些流言蜚語。

　　雖然我並不在意那些心胸狹窄的人的惡毒批評，但一些問題仍在病歷發表之後出現了，這些問題分為兩部分：一部分是技術性的，另一部分則是社會性的。因為，如果與病人非常親

密的人是歇斯底里病的病因，而且，這個人又和病人的性生活、內心、思想活動有著直接的關係，他們長期被壓抑的秘密心理願望所發洩出來的症狀，就是歇斯底里。那麼，從一定程度上來講，公開他們的病歷，確實是讓他們的隱私權受到了侵害。

在病人知道他們的治療過程將被拿去用作科學研究的情況下，他們是不願意開口說任何話的；而想將他們的病歷出版，則更是不被允許。在這種情況下，首先那些害羞而膽怯的病人會對醫生講：你們應該有職業操守，並且提出公開他們的病歷，其實對科學研究一點幫助都沒有。但是我覺得，醫生不僅僅要對病人負責，對科學也同樣要負責，這一舉動也是為了幫助今後更多遭遇同樣不幸的病人。

· 白日夢

安德魯·懷斯，1980年，蛋彩畫，亞曼·漢默斯收藏。

《白日夢》幾乎是為少女杜拉作的天然圖解：一頂蒼白的蚊帳從天而降，幽雅地庇護著少女對自身肉體的驚喜和甜蜜，但從窗外來的陽光似乎想打擾這種安逸，使寂靜中有了幾分敏感，懷斯一家三代都是畫家，父親和兒子都有強烈的思鄉情緒，與其說安德魯·懷斯（Andrew Wyeth, 1917-）是美國人，不如說是英國人，懷斯擅長蛋彩畫，這種顏料比油畫乾得快，效果更為樸素和靜謐。

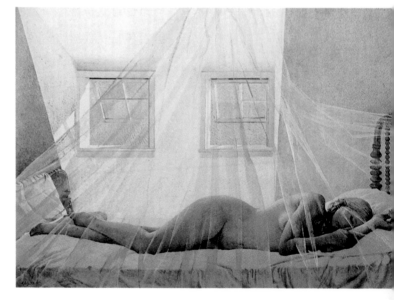

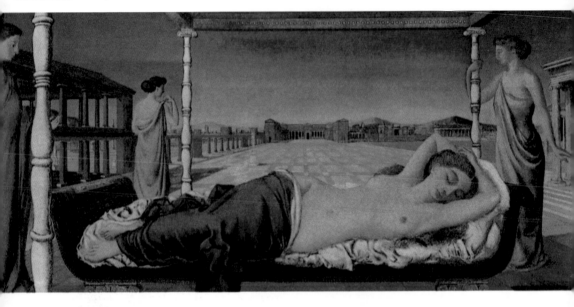

· 熟睡的維納斯

德爾沃，1943年，畫布、油彩，74 × 158公分。

保羅·德爾沃於1994年才去世，活了97歲。他是比較晚加入超現實主義運動的一個畫家。基里訶和馬格利特對他產生重要影響。畫中象徵戰爭的骷髏與少女鮮嫩的肉體，形成刺目的反差，為夢與死亡的關係作出了安排。在明月下，昏暗的古希臘建築顯得陰森可怕，似乎是對納粹時代的描述：因為本畫作於1944年。

所以，我認為，在不直接傷害病人的前提下，出版他自己所認為的歇斯底里原因與形成過程，便是醫生的責任。而在流言蜚語面前不堅持真理，一味地退縮的表現，只意味著懦弱。

我想，可能讓病人受到傷害的事情，我都已做了防範措施。我挑選了一位病人，她住在偏僻城市，維也納不是她人生際遇的所在地，所以，維也納人絕對不會知道她這個人。我嚴守她的秘密，她是我病人這件事情，只有一位我對其醫德非常有信心的醫生知道。我出版她的病歷，都是在等到她的治療已經停止4年，聽說她的生活發生了變化，並且對與事件和心理學相關問題的興趣越來越弱的情況下。一切有可能引起非醫界人士注意的人名，我

都不用，並且是在純學術性的期刊上出版這篇病歷。這樣的話，便可以保證外行人的眼光不會停留下來。當然，我沒有辦法防止她因為看到自己的病歷而產生的痛苦，不過，除去她自己早就瞭解的，她絕對不可能再從病歷中瞭解什麼；更何況，她還會自我反問：除了她本人以外，她就是故事主角這

· 佛洛依德與摩西

史迪曼，1979年，《佛洛依德》插圖。

佛洛依德是一個猶太人，他在心理分析領域的探索與研究，令人們將他與猶太人古老的立法者摩西相提並論。佛洛依德也曾寫下這樣的文字：「誰敢說他能夠詮釋人類心靈的幽暗深處呢？誰敢像摩西一樣斷然立下戒律呢？」

件事情，還有誰知道呢？

在城市裡，我知道這本病歷在許多醫生（從表面上看或許是很先進）眼裡，並不是為了探討精神病（Neurosis）的病理，僅僅只是一部愛情小說，用來打發時間。為了使我出版的這份病歷免遭這些缺乏醫德的醫生們之踐踏，讓它們用於更為嚴肅的學術研究，我在考慮出版商家的時候是非常慎重的，即使遭受諸多限制也無所謂。

本病歷雖然遭遇了各種矛盾和眾多不利條件的限制，卻是我到目前為止寫得最為全面的一本病歷。在這本病歷裡，將公開並坦白探討有關「性」的問題，性器官與性功能有著其恰當的科學名字；而讀者是純潔的，從我的講述中一定會瞭解，我並不是一個會猶疑與人談論這些問題的人，就算對象是女孩子也一樣。

難道我不會把自己掩飾起來嗎？我能夠在這裡說明一點，我有身為婦產科醫生所擁有的權利，覺得這是一種想法，是變態的、好色狂的想法——那些視談論性問題為挑逗或滿足性欲的手段。對這種事情的看法，我只想藉一句話來表達：

「容忍這類抗議或聲明的存在，是成功的必經之路。希望不會有人因為我的想法，而對我加以指責，就讓他們對這個時代的精神進行痛訴吧！因為它讓所有嚴肅的書在不能得到任何保障的條件下存在，讓我們處於一種飄浮的狀態下。」

為了解決撰寫這本病歷的技術性難題，現在我要向大家介紹一種方法。如果一位醫師在不能動搖病人信心的情況下，必須對6～8個病人做心理治療，而且為了不使自己受到病情觀察的影響，不可以現場做筆記，這樣就會有相當大的困難。是的，

我還沒有想出記錄長期病歷的好辦法，不過，從這本病歷來講，有兩種情況對我來說是非常有利的：第一，長度不超過三個月的治療過程；第二，將病歷的所有資料分成兩個部分，每個部分裡面包括一個夢（治療中期一個，治療末期一個），我一開始就將夢的內容記錄下來，這樣的話，解釋和回憶時就可以擁有線索了。

　　我是在治療完畢後才寫成這本病歷的，所以，這些紀錄並不絕對準確，沒有辦法與用錄音帶錄音的效果相比，不過，因為我太想將它出版，於是我藉著自己的記憶力，讓這本病歷擁有強大的可信

‧印地安的夏天

懷斯，1970年，水粉畫，私人收藏。

現實主義的文學性完全可以再現抽象，如懷斯這幅女人體。雖然是背部，但你對肉體的認識絕不亞於看見正面的時候：這就是大師。懷斯深受林布蘭的影響，喜歡在全面的黑暗中突出表現光輝的人性。正如佛洛依德在黑暗的精神夢境中，勾勒出杜拉對自己身體的憂鬱。

度。沒有任何需要被刪改的要點，就算有些敘述方式和先後次序有一定的更改，但這些更改絕對不會讓原意有所改變，反而會讓這本病歷更具連貫性，讓人非常容易理解。

再者，我要將本論文中的要點指出來，「夢與歇斯底里」本來就是它原來的題目，因為我比較擅長怎樣把夢的解析變成病歷的一部分，怎樣將丟失的記

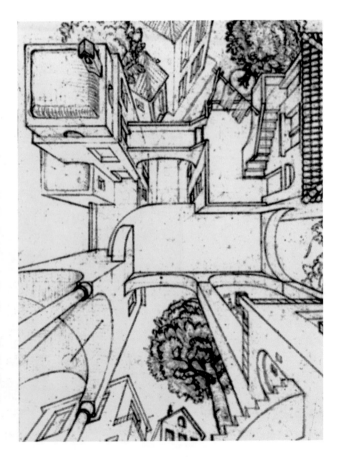

·上與下

埃舍爾，20世紀初期，石板畫。

建築中上與下被顛倒，被空間扭曲成詭秘而矛盾的四個。巴哈的音樂、艾略特的詩歌和埃舍爾的圖畫，被稱為數學在藝術中最偉大的三個奇跡。夢的混亂與幾何的精確被有效地統一了！這幾乎就像杜拉稀奇古怪的夢，被佛洛依德的敘述語言變成一部文學作品一樣。埃舍爾一生驕傲，不把同時代的藝術家放在眼裡，只有看了達利的畫之後，才說了一句：「這個人還會畫兩筆」。

憶拾回，以及怎樣去解釋症狀。

　　經過深思熟慮，我從精神病心理學的角度，在1900年率先展開了對「夢」的研究工作。我出版了自己的研究成果，並且分析推測它被接受的情況，目前對「夢」的作用、含義等之瞭解程度，其他精神病專家是十分不足的。反對聲浪在這樣的情況下指出，我隱蔽了所有作為論斷依據的資料，以至於對它們無法進行驗證，沒有辦法讓人相信它的真實性，這樣的說法沒有任何意義。每一個人都能對自己的夢進行分析。在我所講的例子與方法中，解析夢的技術是容易學會的。

　　我必須再次強調，對夢的問題進行透徹的研究，是瞭解其他精神病和歇斯底里的精神作用過程的必要步驟。想獲得這些知識，想免掉這辛苦的一步，是根本不可能的。所以，這本病歷是專門為已經有夢的解析知識基礎的人所編著，對於沒有這種準備知識的讀者來說，它會讓人失望。這一類的讀者從這本書裡得到的將是迷惑，而不是幫助。

　　所以，他們常常宣稱，作者的看法是一種幻想，其實只是自己的無知。這種迷惑，事實上就是一種精神病，只有對事實真相熟悉的醫生才能將這種迷惑消除。如果幻想將事實真相本身解釋出來，迷惑就會再次出現，好像只有我們找到自己已熟悉的因素，成功地追蹤每一種精神病的元素，才可以消除迷惑。不過，恰恰相反的是，所有跡象都顯示我們將被逼假定很多新東西的存在，不久之後，它們將變成相對可以信賴的知識基礎。但是，迷惑總是會隨著那些新東西而來。

　　這是所有精神分析的病歷中，唯一一本賦予夢和它們的解析非常重要地位的病歷。而且在夢的應用方面，它顯得非常突

17

出，不過在其他方面就不那麼理想了。它的不足之處與它出版的條件有關，我以前提到過，我真的不知道如何處理一個治療歷時多年的病歷資料。但現在這個病歷僅僅只經過了三個月，我還能夠記憶和復習，儘管它的結果依然有很多地方不完整。病人在治療還沒有如期完成的時候就自行停止了。那個時候，甚至還有些問題沒有進行討論，還有一些尚未全面加以解釋；如果治療工作可以繼續下去的話，我們就可以得到細節非常完整的病歷了。所以，以下我僅能提出一個分析的片斷。

當我面對自己這項有缺陷的分析結果時，我只能學習那些名考古學家的例子，他們總是非常走運，將古代那些長年深藏於地下、零零散散的無價之寶挖掘出來。我已經從其他最好的分析例子中，把所遺失的不完全部分找到了。但是，我擁有與有良知的考古學家一樣的特性，記得在每一個病歷中標注：真跡終止的地方在哪裡，我開始假設的地方在哪裡。

還有一種我自己有意引導的完整性。從原則上講，我不會發表病人聯想的解析過程，而只是把解析結果發表出來。因此，除了夢以外，分析技術只在極少的地方揭示。我寫這本病歷的目標，是想解釋清楚精神病的詳細形成過程與症狀的來源，要是我同一時刻還要做其他的工作，那肯定會引起混亂，最後一無所獲。在粗糙的技術規則被適當地修正前，從許多病歷中搜集資料是一種必要的步驟。不過，這本病歷雖然省略掉技術步驟，但大局並不會因它所造成的表達障礙而受到影響。這個病人嚴格地說來，並沒有引起最困難的技術問題，因為在短暫的治療過程中，「移轉關係」這一現象不會成功地出現。

而第三種缺陷，則不是由病人或作者本人引起的；恰好相

反，由此可看出，即使是完整無缺或無懈可擊的一份病歷，也無法解決所有歇斯底里的問題。它無法提供一個通用的解析模式，給歇斯底里症和精神病的所有類型。過分地期望單一病歷是不公平的。從來都不相信精神性病源論之適用性的人——對歇斯底里也不例外——肯定也不會相信從一份病歷裡所得到的真理。這樣的話，在他自己的研究成果證實了他的判斷，從而使他確信以前最好的辦法，就是把自己的判斷放在一邊。^{（註1）}

註1　（佛氏1932年的附註）本著作裡所記錄的治療過程，在 1899 年12月31日中斷。在接下來的兩星期內，我寫下思考所得，但出版卻是在 1905 年。我對它的看法在經過 20 年不斷地研究後，肯定有一定的改變，但不至於為了使它「跟上時代」而有意去補充修改，這肯定是不可能的事情。所以原則上說，除了一些疏忽以及英譯者史氏夫婦（James Strachey）提醒我的錯誤，我基本上是原封不動的。我已經把自己允許添加的註釋加進了附註裡。所以，讀者完全能夠做這樣的假想，排除那些和附註不一樣的見解，本文中的看法我仍然相信。

醫德上的問題——在緒論中已討論過了——並不與其他的病歷有任何關係。其中，已得到病人同意的有三個，比如小漢斯（Hans）與他的父親的那一病歷。而第四個病歷（許氏 Schreber 的），在分析的題材上面事實上並不是一個人，而是他所寫的書，有關杜拉的秘密病歷到現在還保留著。我和她已經沒有任何接觸了，前一段時間，我聽說她生了其他的病，她把自己曾經被我分析的秘密告訴了她的主治醫生，這件事公開以後，她的同事便知道 1899 年的杜拉，說的就是她。那時候，她所接受的三個月精神分析治療，僅僅只能減輕她內心的掙扎，並不能讓她以後不生病。不過，就精神分析的治療術來說，並沒有一個公正的評判可以對這種結果進行指責。

第二章
臨床現象

一個脾氣怪異、鄙視自己母親的少女

──一般情況下由於性的吸引力，父親總是與女兒在一邊，而母
　親和兒子則站在另一邊。

　　我在1900年所出版的《夢的解析》那本書中，談到
「夢」是可以被解析的，經過對夢的解析，就能找到其中隱
藏著對內心活動起支配作用的思想結構。為了說明夢的解析藝
術，接下來我將提供一個具體的例子。我曾在《夢的解析》一
書裡提到，我怎樣看待和夢有關的問題，我的研究因為這個問
題遇到了非常大的困難，讓我沒有辦法進行用特殊的心理治療
方法去探尋精神病的工作。

　　因為在治療過程中，除了病人把他們精神生活上發生的事
告訴我之外，還要把他們夢裡的故事告訴我，這些故事通常都
是些病態的想法，看起來似乎是症狀的根本原因。那個時候，
為了使人們對夢有更清晰、更直接的瞭解，我嘗試將「夢」這
種特殊的語言轉譯為我們日常的語言表達方式，由於夢是潛意
識層面的一種表露，所以，我覺得這種知識對精神分析者來說
是必不可少的。

　　真正的病原是某種精神內容受意識的反對，被打消或壓抑
所造成的。簡而言之，夢是所謂心靈的間接表白所用的主要方
法之一，是避開壓抑作用的迂迴之路。以下所描述的，便是對

一個歇斯底里女孩治療過程的片斷，借此表達夢的解析在分析工作前，怎樣定位它的角色，而且同一時間裡它將給我第一次出版的機會。為了不產生誤解，我尚有足夠的篇幅說明歇斯底里的精神作用過程，以及其器官上的決定因素的看法。既然大家現在認可，對患者抱有最大的同情心而不是一種高傲的態度，是歇斯底里症對醫生與研究者的正確要求，那我也就沒有必要為篇幅的長度向讀者們道歉了。因為：

「藝術和科學一樣都不是夠充分的；
但耐性，不得不演好自己的角色。」

・詩人的迷惘

基里訶，1913年，畫布、油彩，106 × 94公分，倫敦泰德畫廊。

這幅畫中，女人體是個冰冷卻性感的石膏像，她所面臨的是象徵男性生殖器的一堆亢奮的香蕉，但並不協調。在超現實主義繪畫中最壓抑、最黑暗的，當數基里訶。他於1978年才在羅馬去世，終年90歲，他的畫作也是對精神分析學最好的闡釋。

要是我在一開始，就提出一份詳盡而完整的病歷，那將把讀者與醫生置於很不一樣的處境裡。現在這病歷中，那18歲女孩的父親最初提供給我的報告裡，僅僅只是非常概括地敘述了病情。正式治療時，我要求病人把其詳細的病情和生活的自白給我，但我的要求並未得到回應，我所擁有的資料遠遠不夠讓我找到病因。這個情形，也許能與一條不能航行的、一會兒被岩石阻塞，一會兒被沙灘與沼澤所分割而迷失的河流相比擬。

我開始不禁懷疑，權威者是怎樣把一部流利而正確的、有關歇斯底里的病歷完成。實際上，病人給醫生的報告總是不足的。儘管他們能充分提供不同生活時期的相關資料給醫生，但除此而外，對於他們心靈深處的一些想法，醫生就一無所知了，只留下來一些沒有辦法補救的空隙，以及找不到答案的謎題。然後，承接另一個朦朧而不可預知的時期。

病人的說法就算是故意編造的，大部分仍舊聯繫不起來，不但如此，事件是怎樣發展的也沒有辦法確定。病人在講述故事的時候，甚至常常會變換細節和日期，後來，有可能再回到先前的說法。就像他們病歷所顯現出來的那樣，病人沒有辦法把一個有秩序的生活史給我，這個特徵並不只是代表精神病，^(註1)

註1　曾經有一位醫師介紹他妹妹到我這裡來做心理治療，他對我說，「幾年來，她一直有歇斯底里症（失常與疼痛的姿勢），儘管治療過卻一直沒有康復。」感覺上，他給我的簡短說明就是這個症狀。我讓她在一個小時內自述。在克服了許多困難，她的病例完全清楚連貫地完成時，我對自己說，這絕對不是歇斯底里症。因此立刻詳細給她做了一次身體檢查，發現她患了嚴重的梅毒，在郎教授（Lang）汞藥劑注射之後，現已大有好轉。

・薩比諾的女人

大衛，1794-1799年，畫布、油彩，386 × 520公分，巴黎羅浮宮。

無論在東西方的古代，女性都不過是犧牲品。那時的她們，更關切的是自身在暴力世界境遇中的生存，而不是杜拉式的心理問題，因為科學和社會還不允許弱者進入歷史。

它在理論上還存在著非常重大的意義。因為這種情況是在以下所說的背景下產生的：

第一，病人所說出來的話，總是經過有意識地隱藏，因為他們還沒能夠把羞怯的感覺克服（也許是為了謹慎，避免牽連其他人），不誠實的意識就會帶來前後不一致；第二，一部分平常都沒有忘記的事情，在他們與醫生交流的時候，儘管內心毫無保留，但卻臨時記不起來了。這部分的前後不一致，就是潛意識的不誠實所帶來的；第三，真正的失憶症——不僅是很久以前的記憶，就連最近的回

·夢

盧梭，1910年，畫布、油彩，
204.5 × 298.5公分。

在盧梭的這幅畫中，女人和
各種植物、野獸等自然景物
渾然一體，豐滿的軀體顯得
永遠不可征服。作為一個打
過法德戰爭的稅務員和怪癖
的後期象徵主義繪畫大師，
盧梭的閱歷很複雜。離過幾
次婚，寫過戲劇，還差點被
誣告入獄。但生活最後還是
讓他由於遭到女人的拒婚
而精神崩潰。盧梭是典型的
「強迫型精神病」。《夢》就
表達了當時他想和一個女人
結婚的願望。

憶也是一片空白。一時的前後不一致，就是為了將那些空白填補起來所造成的。(註2)

而對一件完全記在心中的事情，喪失了記憶，則是因為事情的重要環節或關鍵部分遭到了破壞，造成遺失；事件的關鍵部分，則會因為改變了事情發生的時間順序，而受到破壞。改變時間順序最容易導致記憶混亂和記憶丟失。喪失得最快的，則是那些容易被壓抑的部分。在我們取得大量受到壓抑作用之後、最初回憶出來的資料時，我們能夠從回憶出的事件裡找出太多值得疑慮的地方，這些存疑之處有可能就是因為記憶喪失後，重新編造的謊言。

這種情況，與病歷相關的記憶是有關聯的，是一項產生病症的必要條件，是一個理論的前提。在進一步治療的過程當中，又發現絲毫沒有自覺，因此「強迫型精神病」的形成條件缺乏。女孩和她母親之間關係緊張已有多年，她看不起自己的母親，而且經常冷血地批評她，所以，對她來說，她的母親沒有絲毫的影響力。(註3) 她唯一的哥哥（比她大一歲半），在她很小的時候就是她模仿的對象。但隨著年紀增長，他們之間的關係也越來越淡。那個很想跳出家庭是非圈的少年，一旦在自己必須捲入時，一般情況下都是站在母親那一方。所以我說，一般情況下性的吸引力，總是讓父親與女兒站同一戰線，母親和兒子則站在另一戰線。

註2　記憶喪失症和記憶錯誤症兩者之間是互補關係。當記憶裡大部分是空白的時候，其他能記起來的就很少有錯誤了；相反地，儘管後者是為填補空白而捏造的記憶，但初看的時候，絲毫沒有記憶喪失的症狀。

· 孩子們

巴爾蒂斯，1937年，畫布、油彩，125 × 130公分，巴黎畢卡索美術館。

杜拉在年幼時，曾和大自己一歲半的哥哥很親密，並把他看作模仿的對象，但隨著年紀的增長他們越來越疏遠，在家庭紛爭中，還會因為不同的性別站到不同的立場上。巴爾蒂斯描繪男孩和女孩之間親密而疏離的狀態，極佳地表達出孩子間尚未進入到意識中的性意識。

註3　遺傳是歇斯底里唯一的病源，我並不真的如此認為：我對這種看法持反對態度，特別是在我早期的精神分析論文中，如《遺傳與心理症的病源論》。再者，我不願意把遺傳在歇斯底里的病源上的重要性看得太低，或覺得它不必要。在這一病例裡，由取自她父親、伯父及姑母的資料中，我發現他們存在很大的劣根性，而且，她母親的病態如果也有遺傳傾向的話，那麼，病人病症的遺傳則由兩方面而來。她的遺傳天性或構成因素中，還有一個更重要的因素，對此我很確信。

她父親婚前曾得過梅毒，這一點我曾提過。迄今為止，得過神經痨或全身性麻痺而被我用精神分析治療過的病人裡，所占的百分率是讓人震驚的。我治療的病人大多是治療多年仍未康復的嚴重病例，因為我的治療方法非常新奇。神經痨或全身性麻痺，根據 Erbfournier 理論，在男人中被認為是梅毒最初的症狀。誠然，一些病人確是這樣，對此我曾直接證實過。我在最近對病人下一代的討論（1900 年 8 月 2 日至 9 日第十三屆國際醫學會議在巴黎舉行，與之有關的論文由 Finger Jullien Jarnow Sky 等提出）裡發現，沒有人把我還是神經病理學者時所得到的結論提出來——即男性的梅毒可能是導致下一代成為神經病的原因。

·下棋

杜象,1963年,攝影。

抽著煙斗和一個裸體美人對面而弈,這是種接近東方高僧的姿態。早年嘗試過印象派、野獸派和立體主義風格的杜象,據說為了逃避兵役,於1906年來到現代藝術如火如荼的巴黎。他是女性崇拜者,甚至照有「著女裝像」。他將女性裸體視為智慧的客體,冷靜得可以與之下棋。他面對女人時,與佛洛依德面對杜拉時很相似,客觀、謹慎,嚴密地思考,絕對不會干擾自己的作品。

在以後的記敘中,我稱這個病人為「杜拉」,在八歲時已開始有慢性的呼吸困難,有時症狀嚴重,這些都是精神病心理障礙的症狀。當時被解釋為疲勞過度所引起,因為第一次發作是在一個路程不長的登山旅行之後。經過六個月的休息和精心照料,病情逐漸好轉。所以,她的家庭醫生非常肯定地說,神經性的毛病可能是引起她失常的原因,使病人呼吸困難絕對不是器官上的病變。醫生理所當然地認為,疲勞過度是很合理的病因。

小時候女孩子有一些常見的傳染性疾病史,但沒有留下一點後遺症。女孩親口對我說──她的話有著一層深刻的含義──每次總是她的哥哥先生病,不過都是非常輕微的,緊接著就是她生病,和

她哥哥比起來就要嚴重一些了。在她大約 12 歲的時候，偏頭痛和神經性的咳嗽便找上了門。最初，兩種症狀一起出現，一段時間後，發偏頭痛的症狀漸漸變少，16 歲時差不多就不再發作了。不過，起初因感冒而引起的神經性咳嗽，卻從未間斷過。在她 18 歲到我這裡治療時，她的咳嗽病又犯了。我們無法確定這種症狀發作的次數，不過，持續的時間大約為 3～5 個星期，有一次竟持續數個月之久。

在近幾年裡，症狀最嚴重的時候是發作的前半期，嗓子常常因此而嘶啞。雖然早已診斷出是神經性的毛病，不過，試了各種不同的治療方法包括水療和局部電療，都不見成效。小女孩在這種情況下逐漸長大，變成了一個擁有獨立判斷能力的少女，她時常嘲笑醫生們的無能，到最後，更是完全拒絕他們的治療。她一直對請醫生很反感，儘管她對家庭醫生不反感，但她拒絕所有請新醫生的建議，所以，她完全是在她父親的強迫下才來我這裡看病的。

我是在初夏和她進行第一次交談的，那時，她只有 16 歲，正承受著咳嗽和嗓子嘶啞病症的折磨。我當時就對她提出進行心理治療的建議，但未被採納，因為儘管病症發作時間非常長，但會自然消失。第二年的冬天，她在最愛的姑姑死去以後留在了維也納，與她的伯父和堂妹們生活在一起。在維也納，她有發燒的情況，醫生診斷結果是盲腸炎。[註4]又過了一年的秋天，在父親健康好轉的情況下，全家搬離了B城。到了父親工廠的所在地，不到一年的時間，便永久定居在維也納了。

註4　這一點參照第二個夢的解析。

揭露杜拉自殺的真相

——她常常在所居住的湖邊屋子裡,讀些有關性愛生理學的書。K先生還補充說道:「很可能是因為她閱讀後過於興奮。」他認為她所說的只不過是「幻想」。

　　那個時候的杜拉,正是花樣年華———個美貌與智慧兼具的少女,但這個女孩卻是父母矛盾的根源和焦點。現在最主要的症狀,就是情緒不穩和性格上的轉變。顯而易見的是,她對自己和家庭充滿了敵對情緒,她對待父親的態度不友善,由於母親想要她幫忙做家事,導致跟母親的關係更是糟糕透頂。

　　她討厭參加社交活動,常常能免則免——她討厭自己總是一臉倦容,以及心不在焉的毛病——婦女講座是她唯一參加的活動,而且做著非常辛苦的研究工作。某一天,他的父母焦急地發現,她擺在書桌上(或抽屜裡)的一封訣別信,她在信裡表示,她沒有辦法再繼續忍受這種生活了。[註5]

　　她的父親是個擁有極佳判斷力的人,他揣測自己的女兒應不會有嚴重的自殺念頭。不過有一天,在他和她說了幾句話之後,她一下子變得神經錯亂,他開始感到惶恐不安了起來。[註6]

　　就像我前面所講的那樣,這本病歷大體看來,並沒有值得

註5　我已經解釋過,我對這個病例的治療與其複雜內容的解析,仍是片斷性的。所以,我有許多問題都沒有解答,或僅僅憑暗示或揣測。當她發現這封信被公開後,顯得非常吃驚:「我記得把它鎖在書桌裡的,他們怎麼會發現這封信呢?」不過,她既然清楚父母已經看過這封信了,我就當成她是故意讓他們看到的。

記錄的地方，它僅僅只是一種「輕微的歇斯底里」症，具有最常見的身體心理症狀——如呼吸困難、神經性咳嗽、失聲、間歇性偏頭痛，以及憂鬱歇斯底里症的反社交性，還有一種不太真實的厭世感。更有意思的歇斯底里病例，毋庸置疑早就有人發表過了，內容可能更加詳盡。而我所描寫的，都與皮膚感覺的異常、視野的局限，或其他類似的症狀無關。但我可以說，讓我們對一個仍然成謎的病症之知識稍稍提升，是所有這些奇妙的歇斯底里症狀表現出的現象唯一的作用。對最常見的病例，以及它們最常見、最典型的症狀給予精確的解析，才是我們最需要的。我非常樂意在條件允許的情況下，對「輕微的歇斯底里」作一完整的解析。我深信，我的分析方法有能力做到這點，因為我擁有治療其他病人的經驗。

1896年，在我和波諾爾醫生（Breuer）合著的《歇斯底里的研究》一書出版後不久，我向一位出色的精神分析專家詢問，有關書中所提歇斯底里的心理學理論之看法。他非常坦白地對我說，他認為他的結論不但沒有辦法得到證明，而且只適用於一部份病歷。從那時候開始，我已經研究過不少歇斯底里的病歷，每個病歷的時間長短不等，有幾天、幾個星期、幾個月到幾年。我覺得，所有病歷都含有心理學上的關鍵因素。

我在《歇斯底里的研究》中，已經試著提出這些因素，那就是心靈上的傷痛、情感裡的衝突，以及性的擾亂——在我接

註6　我相信，這一次的發作會伴有抽搐、譫妄等症狀。但我仍然缺乏可信的資料，因為在分析時沒有得出這種事實。後來，她沒有了記憶，所以無視她的堅決反對，父親決定把她送到我這裡來治療。

下來出版的書裡將會提到的這種因素。當然，因為某些隱秘的苦衷，病人不會在半途把與病因有關的資料告訴醫生。醫生也不能在病人第一次說「不」，表現拒絕態度的時候停止不前，不再去尋找解決問題的方法。(註7)

　　杜拉這一病例裡，我早就多次說過，她父親是個明智的人，這讓我不用花太多的時間去找尋病人生活環境和她的病之間的本質聯繫。她父親表示，當他和家人住在Ｂ城的那段時間，曾經與一對住在那座城市很多年的夫妻建立了深厚的友誼。他生病期間，Ｋ女士一直細心地照顧他，所以，他說Ｋ女士對他有救命之恩。而Ｋ先生則一直非常照顧杜拉，他們經常一起去散步，他還經常送她一些小禮物，所有人都覺得那對她是無害的。杜拉也非常關愛Ｋ家的兩個小孩，差不多如同母親般的地步。兩年前的夏天，也就是杜拉和她父親在來看我的時候，他們和Ｋ家約好一起前往阿爾卑斯山的某個湖畔度假。本來杜拉想要在Ｋ家待上幾個星期，但她的父親想在幾天後就回家。

註7　有這樣一個例子。因下列的經驗，另一位維也納醫生對歇斯底里重要性的忽視很可能會加強。有次，一位 14 歲的女孩去看醫生，她得了歇斯底里性嘔吐。醫生決定問她一個會讓她非常痛苦的問題——即她是否曾和別的男人談過戀愛。孩子回答道：「不！」反應相當激烈。「幻想！那老驢問我有沒有戀愛過！」她用很不禮貌的語氣對母親說。後來，她到我這接受治療，經過多次的交談後，證實她是個很多年手淫史的人，有白帶（這和她的嘔吐關係非常大）。後來，她把這習慣戒掉了，但她在禁慾過程中總有種罪惡感，這讓她覺得，所有她家所得的不幸，都是因神靈要懲罰她的不守規矩。此外，她未婚姑姑的羅曼史也對她造成了影響，本以為姑懷孕一事（使她嘔吐的第二個因素）並未引起她的關注，因她「只不過是個小孩子」，沒想到原來所有性關係的要素，她都已經懂得了。

・向朱勒・凡爾納致敬

德爾沃，1971年，畫布、油彩，150 × 120公分。

寫實筆觸下的灰色大衣，學究氣的眼鏡，都是知識份子的象徵。科幻小說之父凡爾納，在畫中顯得很憂鬱。由於他對世界科幻小說的特殊貢獻，而受到一切超現實主義者的崇敬。但德爾沃1971年畫中的這個男子，與四〇年代的那個男子並沒有太大不同，他猜疑、狡猾地注視著女性裸體的誘惑。佛洛依德第一次見到杜拉時，她16歲，就像畫中的少女一樣純潔而焦躁。

K先生在那段時間也待在那個地方。當杜拉的父親打算離開那裡的時候，杜拉突然要跟父親一起回家，態度十分強硬，而且付諸行動。幾天之後，她對自己這種奇怪的行為作出了解釋。在抱著想要母親把話傳給父親的意圖之下，她把原因告訴了母親。

她說，K先生與她一起散步的時候，曾大膽地對她求愛。

她父親和伯父再一次看到K先生時，便向他提起了這件事，但K先生不承認自己有那樣的想法，還對女孩提出了質疑，他說他從K女士那裡得知杜拉對「性」有著強烈的興趣。在他們待在湖邊屋子裡的時候，杜拉經常看一些與性愛生理學有關的書。K先生還補充道「很有可能是因為她閱讀後過

於興奮。」他認為她所說的只不過是「幻想」。

　　她的父親對我說，「我相信，杜拉因為這件事非常憂鬱，精神不振，還有自殺的想法。她一直想要我和K先生，特別是她曾經十分敬愛的K女士斷絕關係，但我不能這樣做。因為我覺得杜拉對K先生的『沒有道德的企圖』的說詞，可能只是一種假想。再加上我和K女士之間有著深厚的友誼，我不想讓她傷心。那可憐的女人跟K先生這樣的丈夫生活在一起，是非常不幸的事情。我慢慢地開始討厭K先生，K女士對他忍受到極點，她唯一的安慰者

・黎明

德爾沃，1964年，貼布於木嵌板上油彩，122 × 244公分。

玉體橫陳的裸體、幽遠的小徑、茂密的樹林，都是有關性的隱晦暗示。這是晨光微熹、充滿幻想的時刻，安寧而幽靜，但平靜的畫面充滿暗示，暗含有難以捉摸的微妙變化。人類心理複雜而微妙的變化，看起來似乎是毫無頭緒，但合理的分析法也許能幫助人們從中發現一些人內心最深處的秘密，甚至連擁有這些秘密的本人，也不能明確地感受到它們。

就是我了。我的健康狀況是非常不好的，所以不用向你證明我和她之間的清白。我們僅僅是兩個同病相憐的可憐人而已。你已經知道，我在我太太那裡討不到絲毫的好處，而我的倔強脾氣遺傳給了杜拉，所以，對於她對Ｋ家的憎恨我無能為力。她的病在她再次強求我跟他們斷絕關係的時候又一次復發了。請你嘗試看看讓她的理智清醒過來。」

杜拉父親的話也有前後不一致的地方，因為他在其他的情況下，總是把杜拉的不理智怪在她母親的頭上，家裡每一個人都受不了她的怪癖。一剛開始的時候，我沒有對事實的真相驟下斷語，因為兼聽則明，避免以後的失誤。在這種情況下，我

·生命之舞

孟克，1900年，畫布、油彩，
125 × 190公分，奧斯陸國家
畫廊。

畫面中的男主角，用血紅色
的連衣裙將女主角裹起來，
看上去令人望而生畏。愛情
與死亡如此之近，這也正是
杜拉的感覺，不過，杜拉打
算要殺死的是自己，因為K
先生帶有壓迫性的散步和
「求愛」，使杜拉「不能再
忍受這生活」了。1890年以
後，孟克的作品都屬於他所
謂的「生命的帷幕」，他說，
我的畫應該是「一首生命、
愛情和死亡的詩歌」。孟克
越來越憂鬱，把女性的美看
作是吸血魔鬼，所有的男人
都會被打敗。

· 戴芒果花的大溪地年
　輕姑娘

高更，1899年，畫布、油彩，
94 × 73公分，紐約大都會美
術館。

乳房與鮮豔的果實相輔相
成，把欲望昇華為一種性
愛的境界。赭石色的肉體比
一般白色的裸體更具有誘
惑力，因為那是原始美人的
象徵。高更想說的是對文明
的懷疑。畫家本人也於1903
年染梅毒去世，他的大溪地
島，後來成了一切反叛現代
社會族群心中烏托邦的代
名詞。一個現代人想回歸自
然，這本身就是做夢。但如
果生活中沒有自然，結局就
只能是杜拉式的「變態」。

·劫持歐羅巴

波里斯·瓦萊約，1980年，當
代繪畫。

墮落顯得很美好。畫中的少
女不再有被劫持的驚慌與
痛苦，她與劫持者一起陶醉
在充滿激情的欲望之中。在
這裡，性與惡都成為了烏托
邦。少女杜拉其實也是一個
「盼望」被男性劫持的思春
期精神病患者，但為證實此
判斷則必須追溯到她的早年
經歷。

聽到了另外一種關於這件事的說法。

K先生對杜拉的求愛和對她自尊的侮辱，好像給杜拉留下非常大的精神創傷。很久以前，我和波諾爾先生就一致認為，精神創傷是導致歇斯底里的必要條件。不過，除了一個特殊的條件外，本病例同時也帶給了我不得不超越這一理論的許多難題。（註8）因為就像很多歇斯底里病歷的情況一樣，就算我們了解病人在以前的生活中所遇到的精神創傷，也沒有辦法以此解釋或決定症狀的特殊性。要是由創傷所引起的症狀，與神經性嘔吐、失聲、憂鬱與厭世感有區別的話，我們知道就知道，不知道就不知道。

註8　我已經超越這個理論，但不是摒棄它。也就是說，到現在為止，我並不認為它不正確，我只覺得不完整而已。我所摒棄的，僅僅只是對所謂「催眠狀態」的強調，催眠狀態被假想是加諸於病人的精神創傷所導致，是今後一切心理失常的根源。如果當一部合著的著作出現問題時，允許作者把他所承擔的部分分開的行為是合法的，那麼，我願意藉這機會作以下聲明，很多學者以為該書的中心思想——「催眠狀態」的理論，完全是布勞爾醫生所主張。我認為，用這個名詞太過籠統，易引起誤解，因為它對於形成歇斯底里症狀的心理過程的性質，及這一問題的連貫性起了干擾作用。

· 龐貝城

德爾沃，1970年，畫布、油
彩，160 × 260公分。

杜拉的記憶中，很小就有慢
性呼吸困難等病症，在複雜
生活的漩渦中，她的內心形
成了一座迷宮般的城市。龐
貝，是古羅馬時期被凱撒大
帝征服的地中海古城，曾因
美女如雲和英雄輩出著稱
於世。但德爾沃這幅畫中的
女性，本身就是一座城市，
她的乳房、四肢和嘴唇顯得
比城市有更多更美的曲線，
關節宛如街道，通向她的心
靈。

16 歲少女第一次得到男人的擁抱和熱吻

——她說，K 先生的擁抱在她身上所加的那種奇特壓力，她現在還能感覺到。

我們還必須考慮到另一層面，在病人精神受到創傷的前幾年，有些症狀（如咳嗽與失聲）就已經發生，這些症狀最早出現在她的童年階段，大約是 8 歲的時候。所以，創傷理論如果是正確的話，我們不得不去看看她的童年時代，找尋與創傷有關的影響事件或印象。再者，我們即便不是在研究那些最初發生在童年時代的病歷，也要將病人最早那段時間的生活史追溯出來。

在解決了最大的治療難題後，杜拉向我講述，最初與 K 先生在一起的一段經歷，那能夠被形容是一種對性的傷害，她那時只有 16 歲。

有一天下午，為了方便去一間教堂看節慶活動，K 先生約她和 K 太太在離 B 城某個大廣場附近的辦公室會面。但後來，他說服他太太留在家裡，還支開了他雇用的員工，所以，當杜拉到辦公室的時候，只有 K 先生一個人在那裡。到了約定時間，他借口要去把窗簾拉下來，讓她待在樓梯旁的門邊等他，不過，他轉過身來，卻不是向門外走，而是突然抱住她，強吻了一下她的唇。

毋庸置疑的，這的確是一個喚起從未被人吻過的 16 歲女孩子性衝動的情景。不過那一刻，杜拉卻升起一股十分強烈的厭惡感，她反抗，逃離 K 先生，匆匆奔下樓梯那個連著大街的

門口。之後，她仍然和 K 先生見面，只不過，誰也沒再提起這件事。

杜拉自己說，她始終沒有公開這個秘密，直到治療的時候才說出來。不過，過了不久，她開始避免單獨和 K 先生在一起。杜拉本來打算和 K 家一起出外旅行幾天，但因為那個吻，她毫不猶豫地改變了主意。

這個 16 歲女孩在這情況中的行為（在時間上是第一次發生的，但卻是第二個被提到），已完全

· 飛舞的蜜蜂所引起的夢

達利，1944年，畫布、油彩，51 × 41公分，西班牙泰森美術館。

蜜蜂的嗡嗡聲讓少女夢見了意淫的虎群。刺刀像抽象的性器一樣，刺激她夢般的軀體。事實上，達利是 20 世紀唯一推進古典繪畫技巧的理性畫家。作為一個 16 歲的孩子，杜拉已經完全歇斯底里了，正如 100 年前法國哲學家巴斯卡的預言：「總有一天，人類會瘋癲到這樣的地步：即冷靜也是另一種形式的瘋癲」。

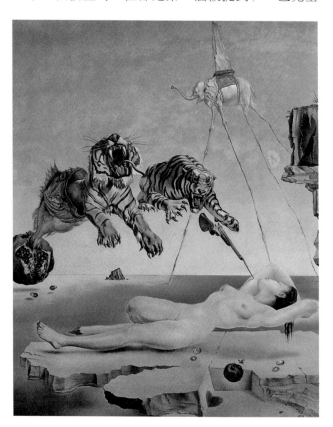

可以稱作是歇斯底里。一個人如果在性衝動場合中，是大部分或全然感覺不開心的話，我可以確定她是歇斯底里的，而且不管她身體是否出現症狀，我還是如此認為。在精神病心理學中，最重要也是最困難的問題之一，就是解說這種「逆反心理」的運行機制。我覺得自己和這個目標還有一段距離。在這篇論文裡，我僅只提供我確知部分的知識。

僅僅只注意「逆反心理」，對分析杜拉病歷的特徵是不夠的，還要加上「感覺的變化」。在那種情況中，杜拉的感覺與一般健康女子的生殖器的感覺並不像，征服她的是一種不愉快的感覺，這種嫌惡感是由消化道入口處粘膜產生的。那一吻刺激了她的嘴唇，這種刺激肯定在她嘴唇上停留了下來，感覺的位置由此決定了。不過，我想我還可以找到另一相關的因素。[註9]

那個場合中的感覺，並沒有給杜拉留下永久的後遺症，它即使在治療過程中也只是個潛伏者。杜拉非常偏食，她坦承對食物沒有多大興趣。還有一點，那一吻讓杜拉總是產生一種幻覺，這種幻覺不定時出現，甚至在她告訴我的故事裡也出現過。她坦言，對於K先生的擁抱在她身上產生的那種奇特壓力，她至今仍感覺得到。

在根據一些症狀形成的規律，並充分考慮到病人其他不可解釋的特殊性情況下——例如她不願與任何一個和女士親密交談的男人擦身而過。我對那一吻得出以下假想：

註9　對那一吻，杜拉嫌惡的原因肯定不是偶然的，要不然，她肯定不會記得，也不會提起。K先生和杜拉的父親一起來拜訪過我，所以我認識他，他非常年輕且有著吸引人的外表。

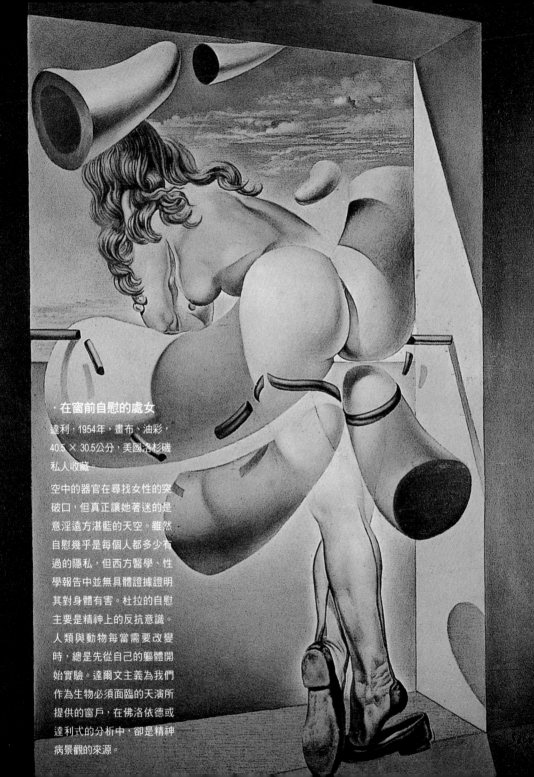

· 在窗前自慰的處女

達利，1954年，畫布、油彩、
40.5 × 30.5公分，美國洛杉磯
私人收藏。

空中的器官在尋找女性的突
破口，但真正讓她著迷的是
意淫遠方湛藍的天空。雖然
自慰幾乎是每個人都多少有
過的隱私，但西方醫學、性
學報告中並無具體證據證明
其對身體有害。杜拉的自慰
主要是精神上的反抗意識。
人類與動物每當需要改變
時，總是先從自己的軀體開
始實驗。達爾文主義為我們
作為生物必須面臨的天演所
提供的窗戶，在佛洛依德或
達利式的分析中，卻是精神
病景觀的來源。

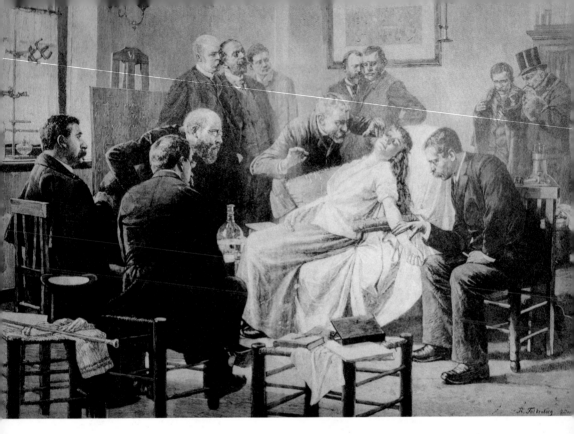

·麻醉

伯-法爾肯貝格，銅版畫。

一群臨床的外科醫生正在研究一個已經麻醉的女病人，她將毫無痛苦地做完手術，一如被解開情節的少女杜拉。在圍觀的醫生中，有一個還在冷漠地抽煙，似乎少女的痛苦只是一種實驗品，等她醒來，一切都將成為過去。近代德國版畫的成就相當高，它不但繼承了古代的傳統，而且還吸收了近代印刷工業的優勢。

當K先生熱情擁抱她時，她感覺到的不僅是唇上的一吻，同時也感覺到了他身上勃起的陰莖的壓力，這一點我可以肯定。她因為這種感覺而感到十分難受，她壓抑自己，讓這種感覺從她的記憶裡消失，但轉化為一種喉嚨上的壓迫感。由壓抑的源頭，喉嚨上的壓迫感，又得到充分的強度。這樣的話，我們又發現了另一種從身體下部移到上部的轉移現象。(註10)

還有一點，她的被迫性似乎是對那一吻的直接回憶得來的，這從她的行為可以看得出來。由於她不願意感受到由性衝動引起的生理反應，所以，她不想與處於性衝動狀態下的男人擦身而過。

需要關注的是，由這病歷所得到的三種症狀：一、討厭；二、身體的壓力感；三、躲避那些與女士親密交談的男人，這些都是從個人經驗所得來的。想要瞭解症狀形成的原因，我們就必須考慮清楚這三種現象之間的關係。

嫌惡感這種症狀，是產生情欲的口欲區受到壓抑。在杜拉的嬰孩時期，口欲區曾因吸吮快感的習慣而得到過極度的放縱；勃起陰莖的壓力，讓女性的私密器官陰蒂產生差不多的變化。第二個情欲移位為胸部有壓迫感，並停留在那個地方。她迴避可能處於性衝動狀態下男人的舉動，則和一種恐懼症的情況相似，這種迴避可以不讓她再承受壓抑的感覺。

為了證實對故事補充說明的真實可靠性，我非常謹慎地詢問杜拉，想知道她對男人在性衝動時的身體變化到底瞭解多少。她是這樣回答的，就那個時候來說，是「是」；但對於那一吻來說，是「我不想」。一開始，我就盡量迴避與性知識有關的任何新鮮事實。我這樣做，並不是因為我良心發現，而是因為我忙著想去證實自己對這病例的推論是否正確。

註10 這種轉移現象的發生，是解釋一大群症狀所不可或缺的，這已被證明。從對杜拉進行治療以後，我還碰到過另一個因擁抱而受驚嚇的例子（此病例沒有接吻）。那個病例的主角是一個年輕女子。她曾經非常愛那個與她訂婚的男子，但突然間伴隨著一種嚴重的憂鬱，而開始對他冷淡了起來，因此她來找我醫治。看出原因並不難——她被那男子勃起部分嚇了一跳，她感覺它，不過後來就被清除出意識了（被潛抑）。

·海勒斯與寧芙

渥特豪斯，1896年，畫布、油彩，97 × 160公分，曼徹斯特市立美術館。

俊美的少年海勒斯，被美麗的水中女妖所迷惑而落入水中，再也沒有出來，這是一則希臘的神話故事。在這幅渥特豪斯的作品中，女妖以美麗溫柔、充滿渴望的少女形象出現了。渥特豪斯和佛洛依德同是生活在維多利亞時代晚期的人。這個時期的色情主題裡，少女情結是一個突出的特點。可以預想到，這種風氣的流行，對少女心理疾病的形成所產生的不利影響。

所以，我從不提某種東西的名稱，這種情況一直持續到她對這種東西的間接影射已經非常明確，並把它們譯成直接用語的時候。她是知道那種事的，因為她的回答總是敏捷坦白。不過，她從「哪裡」知道「那種」知識，卻成了一個謎，因為她已經完全記不起來了，她把所有與這方面（性的方面）知識的來源全都忘掉了。[註11]

如果我能獲知那一吻的發生過程，我就能夠找到產生嫌惡感的原因。從根本來說，這種嫌惡感是一種對身體固態排泄物味道的反應。不過，生殖器可以因為排泄物起反應，對男性而言更是如此，因為男性的生殖器還具排尿功能。當然，排尿功能是一開始就有的，是性生活以前的日子裡唯一所了解的功能。所以，嫌惡的感覺成了表達性生活情感的方式之一。尿和糞便的排泄以及性生活，在早期基督教長老們的心裡總是聯繫在一起，即便是盡可能把它們完美化，也無法分開它們。但是，我可以坦白地說，即使用聯想這種途徑，也沒有解決這個問題。這種聯想也許會喚起，但並不代表它真的就能被喚起。是的，這種聯想在正常情況下是不會發生的。

註11　這點可以以第二個夢作參考。

父親的情人

——他們兩個在樹林裡幽會的時候被人撞見，因此，她的父親為了對他們的幽會進行辯解，捏造出了一個自殺的童話故事。

　　我覺得杜拉對她與Ｋ先生的關係，已經完全不感興趣，我想盡辦法仍不能讓她對這個關係產生興趣，她說，她與他之間到此結束。在治療過程中，所有最表層的聯想，只要是和她父親有關的事情，她總是最容易意識到或回憶起來。她無法原諒她父親和Ｋ先生，尤其是和Ｋ女士還繼續來往。她和她父親在對那些關係的看法上有很大的落差。在她的心裡面，她會覺得父親和那年輕美麗女人之間，是屬於一種戀愛關係。為了證實這種看法，她總是注意所有與此有關的事情，對她來說，這是非常殘酷的。

　　除此之外，她的記憶很完整，沒有一點遺漏。在父親病重以前，他們就認識Ｋ家了，至於兩家親密關係的建立，是在那年輕女人以護士身份照顧她病重的父親之後。那個時候，杜拉的母親總是離她父親的病房遠遠的。

　　杜拉的父親與Ｋ女士之間「友誼」的真相，在他病癒後的第一個夏天逐漸顯露了出來。這兩家人在旅館裡共同租下一套房間。某一天，Ｋ女士說，她由於睡眠品質不好，所以不能再與她的小孩睡同一間房間。過了幾天，杜拉的父親也找藉口換了一個房間。他們兩人都搬到了新房間——位於走廊盡頭、中間隔著走廊的對門房間。和他們原來的房間比起來，這新房間安全多了，別人無法干擾他們。

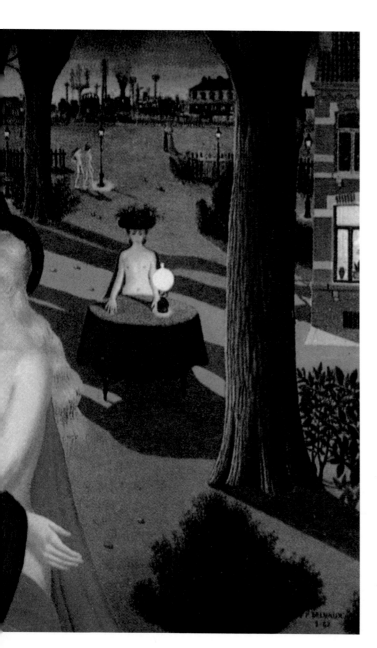

・通格爾的仕女

德爾沃，1962年，畫布、油彩，160 × 250公分。

畫中的少女隱藏在茶色的線條裡，周圍似乎沒有風，沒有空氣。肉體像塑膠一樣僵硬。杜拉認為父親去樹林自殺是謊言，其實是害怕與K女士幽會時被看見而編的藉口。這導致了杜拉自己的潛意識反叛──對K女士的興趣。德爾沃的繪畫，猶如普魯斯特的小說，神秘、幽雅而極富魔力。

後來，杜拉的父親在杜拉責備他與K女士的事情時，總是習慣性地回答說，他沒有辦法諒解她的敵意，反而教孩子們要對K女士存著感激的心。每當她對母親提到父親這些曖昧的言詞時，母親總是對她說，她的父親前一段時間非常不快樂，甚至還有走到樹林裡去自殺的念頭，K女士注意到這點，才會跟蹤他到樹林裡去，勸他為了家庭要珍惜自己的生命。

當然，杜拉肯定是不相信這個故事，她認為，他們兩個在樹林裡幽會的時候被人撞見，因此，她的父親為了對他們的幽會進行辯解，捏造出了一個自殺的童話故事。(註12)

杜拉一家回到B城後，她父親每天在同時間拜訪K女士，K先生去上班的那個時間。所有人都議論紛紛，並向杜拉打聽情況。K先生自己曾痛苦地向她的母親抱怨，但在她面前，他從不提及此事——她覺得這可能是他所表達的一種微妙情感。

她的父親和K女士總是知道，如何在他們一起散步的時候製造獨處的機會。可以肯定的是，K女士拿了他的錢，因為她的花費已超出她自己或丈夫的經濟能力之上。杜拉還說，她父親開始送K女士一些精美的禮物，同時，為了掩飾自己出軌的行為，他也會送她和她母親禮物。以前，K女士因為神經系統方面的疾病沒辦法走路，還進療養院待了幾個月，現在卻像發生奇跡似地，變成了一個健康活潑的女人。

他們之間的曖昧關係，甚至在杜拉全家離開B城搬去工廠所在地之後，還持續了很多年。她父親常常說，他無法再忍受

註12 這一點和她自己假裝要自殺有關係，她想自殺的念頭與她渴望獲得同樣的愛的表示，強度可以說是一樣的。

這裡不適的天氣，他必須為自己著想。他開始咳嗽，怨東怨西，情況一直持續到他突然去Ｂ城後，接著，便從那裡寄回來了最幸福的信。顯而易見的，父親的身體不適只不過是想去看Ｋ女士的藉口罷了。

後來，他們打算去維也納，杜拉覺得裡面肯定有文章。不出所料，他們才搬到維也納不過三個星期，她就聽說Ｋ家也到維也納了。杜拉對我說：他們都在維也納，她常常在街上碰見她父親和Ｋ女士在一起；她也常遇見Ｋ先生，他常轉身跟蹤她，有一次，她一個人在外，他跟蹤她好久，以便確定她要去哪裡，是不是去和男人約會。

· 您來看看

弗雷德・費齊恩，銅版畫。

世界文化如此不平衡，以至於像杜拉這樣神經質的歐洲中產階級少女，可以因為慵懶生活產生的亂倫意象而煩悶。而就在同一時代，另一個地方的這個同齡少女，卻還來不及顧及自己的精神——她被當作「籌碼」交給了陌生人：軍曹。這幅畫為弗雷德・費齊恩原作，後來由德國柏林里希邦出版社木刻複製。里希邦的木刻技術十分高超，細膩的刀鋒可以讓這女性的裸體看起來像油畫般透明純潔。

兩個居心叵測的男人：
把杜拉當成交換情人的「籌碼」

——他們住得非常的近，K 先生幾乎天天送花給杜拉，……對於
K 先生這些明顯的求愛舉動，她的父親好像全然沒有注意到。

在杜拉接受治療這段期間裡，有一次，她父親說自己又感
到不舒服，於是又去 B 城待了幾個星期。敏感的杜拉立刻發
現，K 女士也出發到那個地方去看她的親戚。這個時候，杜拉
對父親說出了最重的批評，說他不誠實，骨子裡是個大騙子，
只顧自己快樂，不管別人的感受。

杜拉對她父親的批評，是對還是錯，我不願意發表看法。
就某些方面而言，她的批評是合情合理的。在她因為這件事情
傷心的時候，我常忍不住想，她只是一個被「轉交」給 K 先
生、作為她父親與 K 女士來往的代價。從她父親利用她，她的
反感態度，可以窺見她對父親的愛。有時，她自己也感覺到這
種誇張、激動所引發的內疚。把她當作交易的「籌碼」，那兩
個男人肯定不同意這種說法，特別是她父親，對這種暗示更為
敵視，不過，他是一個非常善於說謊的人。

在人家對他說，一個「不安於內」的男人和一個成熟中的
少女，常常無節制地在一起，是非常危險的。他肯定會這樣回
答，他完全信任自己的女兒，像 K 先生這樣的男人絕不會帶給
她什麼危險，況且，K 先生是他的朋友，他不可能有什麼不道
德的歪念，何況杜拉還只是一個小女孩，在 K 先生眼裡她也是
一個小孩子。

·公共汽車乘客

喬治·西格爾，1964年，雕塑。

四個幽靈般慘白的現代市民癡呆地坐在車上，將現代社會人際關係的冷漠和距離，刻畫得恰到好處。人類社會的這種孤獨感，早在 19 世紀就已經形成，譬如本書中的女家庭教師，她總是慫恿杜拉去反對 K 女士或別人，但自己也並不能解脫苦悶。西格爾是美國普普主義流行時期的藝術家，所以其雕塑也受到上世紀六〇年代紐約普普藝術的影響。

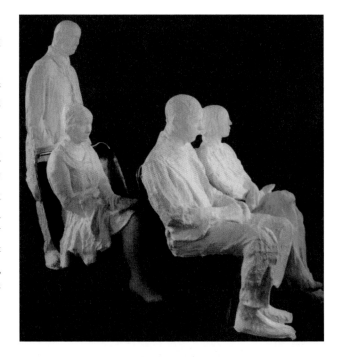

　　不過，事實上，為了撫慰他們良心上的不安，這兩個男人都不想為對方的舉動下什麼定論。在兩家人住得很近的時候，K 先生一年到頭幾乎天天送花給杜拉，抓住任何機會送她珍貴的禮物，並把他所有的閒暇時間都拿來陪她，而她的父親對 K 先生這些明顯的求愛舉動，似乎全然沒注意到。

　　在精神分析治療中，當病人提出毫無漏洞的爭論時，醫生很容易感到困窘，此時，病人會趁機說：「所有都是正確而真實的，是不是？你對我所敘述的，還能提出什麼異議呢？」接著，很快就會很明白，病人之所以提出這些不是很容易分析的論

點，只是為了掩飾他那些會遭到批評的想法，他們因為這些想法進入意識層面而害怕。所以，那些針對別人的責難，僅是病人對自己自我譴責的掩飾。

我們需要做的，就是將每一項指責反過來指向自己。有一種不可否認的自動因素，存在於這種以指責別人來轉移自責的自我防衛機制中。小孩子的「你也是」的爭論，就是一個典型的例子。當小孩子被指責是個「放羊的小孩」時，他會條件反射地回答：「你也是」；而成年人在想要反擊的時候，並不會再重複別人，而是找出對手真正暴露的弱點。自責在狂想病（Paranoia）中是一種對別人的外射，內容上絲毫未變，而且完全不考慮真實性，這種情形在妄想的形成過程中非常顯著。

面對父親的指責，杜拉也有一個自責的「襯裡」或「背景」，以及相對稱的內容，我將詳細說明這一點。在她的思路裡，父親因為怕自己和K女士的戀情受到干擾，才不願深究K先生對自己女兒的行為，這樣的看法是正確的。

不過，杜拉自己也做了和父親相同的事。她讓自己在愛的漩渦裡成為父親的共謀，她故意忽視任何導向真相的跡象。直到她經歷了湖邊的那一段遭遇，她不再閉著眼睛，開始嚴厲地對待父親。在最初幾年，她一直儘可能幫助父親和K女士的關係。要是父親待在K女士那裡，她就絕不去K女士那裡玩，而且，在知道K家小孩被「趕出去」玩的時

· 拾玫瑰的女人

德爾沃，1936年，畫布、油彩，130 × 90公分。

少女在一個最出人意外、最不合常理的地方採摘玫瑰，旁邊有一位女士無言地注視著她。這就像K夫人和杜拉的父親為了維持不正當的戀情，在有意和無意間便放縱K先生和杜拉之間不正常的關係。

候，她為了阻止他們太早回家，還會跑過去和他們
一塊兒玩。

但這個時候，她的女家庭教師———一個青春已
逝的未婚女子，讀過不少書而且見解高明[註13]，卻
急切地想要她去瞭解父親和Ｋ女士之間真正的關
係，還要她反對Ｋ女士。杜拉曾經一度和這位女教
師非常要好，後來，因為女教師不擇手段地鼓動反
對Ｋ女士的情緒，她向杜拉的母親說，忍受自己的

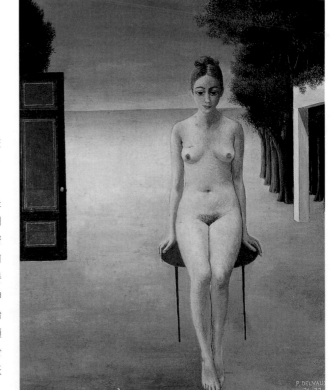

·海濱

德爾沃，1976-1977年，畫
布、油彩，150 × 130公分，
私人收藏。

露天的門和關閉的心靈，是
德爾沃的主要表現意圖，門
是陰戶的象徵，而且有濃密
的樹林為之遮羞，這都把前
面那個少女的心情表現得
十分到位。現代人的精神
與性觀念雖然開放，但原始
的道德觀總像幽靈般，封鎖
著女性的本能。此畫作於
1976～1977 年間，是德爾沃
晚年的代表作。

· 浴女

雷諾瓦，1887年，畫布、油彩，115.6 × 167.8公分，華盛頓國家畫廊。

華麗的筆觸如落花一般，鋪滿畫面。所有的色點都凝聚成了一個點——肉體。和從提香到德拉克洛瓦以來眾多畫家一樣，雷諾瓦也看到了女性崇拜中的肉體歡樂，從而使他躋身於印象派七宗師的行列。他的人體是繽紛而淺顯的。沐浴在性意念中的杜拉、K女士、女家庭教師、寂寞的母親，正如雷諾瓦畫的背景一樣，還有兩個隱約出現的堂姐與表妹，她們實際上是社會（家庭）關係的犧牲者。但 19 世紀的中產階級家庭還不可能意識到這一點。

丈夫和另一個女人的親密關係，實在有損尊嚴，而且她還將所有杜拉的父親與 K 女士關係不明不白之處告訴杜拉。但她的努力終歸白費，她的舉動遭到杜拉的敵視，杜拉堅決要她辭職。

任何有關父親和K女士之間關係的壞話，杜拉全聽不進去。再者，杜拉很清楚這位女教師這樣做的動機。在某些方面杜拉也許很遲鈍，但在這方面她總是非常敏感，她發現女教師對她父親懷有愛意。

當父親在場的時候，那位女教師就像變成另一

註13　女老師經常看一些與性生活有關的書籍，並與杜拉談論。同時，她也請求杜拉不要把這件事情告訴父母親。有時候，我覺得杜拉所有「秘密」知識的來源，可能就是這個女人，我的看法應該不會全錯。

· 惡魔夜宴

德爾沃，1962年，畫布、油彩，160 × 260公分。

一群女人和一個男子，陰暗的房間散發著香水味。德爾沃的這幅畫作於1962年，在這一年裡，他畫了很多幅有一個戴眼鏡的中年男子為背景的性心理作品。女教師對待杜拉的方式，即杜拉對待K女士孩子們的方式，無形中杜拉已經將自己與K女士的身份互換了。

個人似的，總是盡可能地表現出風趣和殷勤的一面；而當杜拉
家搬到 K 女士不在附近的工廠所在地之後，女教師便把敵意轉
向杜拉的母親，因為那時她比較接近的對手就是杜拉的母親。

即使如此，那個時候的杜拉，對女教師依然沒有絲毫的惡
意，直到後來，杜拉發現女老師對她一點也不關心，她之所以
對她好，其實只是對她父親情感的偽裝時，她才真正地生氣
了。只要父親一離開工廠所在地，女教師就不會抽空陪她，不
與她一起散步，也不關心她的功課。而等父親從 B 城一回到家
裡，女教師就立刻開始做各種獻殷勤的事情。所以，杜拉打從
心底鄙視她。

暗戀與病痛

杜拉認為，那個病完全是由於堂姐的嫉妒所引起，……

　　杜拉的某些行為，因為那個可憐的女教師而受到了不良影響。杜拉對待K女士孩子們的方式，就是女教師對待杜拉的方式。杜拉成為了K家小孩們的母親，她教導他們，陪他們一起散步，給他們完整的照顧，完全代替了他們母親的角色。K先生經常和太太討論離婚的事情，但一直沒有離，原因是K先生是一個非常有愛心的父親，他不想讓小孩有被遺棄的感覺。就是這種對小孩子的共同興趣，使K先生和杜拉之間一開始就建立起一種感情的鏈環。很顯然地，為了掩飾一些她急於隱瞞自己和別人的東西，杜拉才非常關心他的小孩。

　　同樣的判斷能夠從杜拉對待孩子們的態度（類似女教師對待她的態度），以及她對父親與K女士關係的默許看出，也就是說，杜拉這些年來一直對K先生存有愛慕之心。當我把這個結論告訴她時，她提出了異議。她立刻對我說，有人（比如曾在B城和他們住過一段日子的一位表妹）曾對她說：

　　「為什麼妳對那個男人總是那麼不客氣呢！」

　　而對於這類情感，她自己就是沒有辦法回想起來。後來，當各項資料顯示出讓她沒有辦法否認的結果時，她才坦承自己在B城時曾對K先生產生愛意，但經過湖邊度假那一段遭遇之後，這段感情就成為過去式了。

　　杜拉強烈地指責父親，說他充耳不聞良心最迫切的呼喚，說他眼裡只有對自身愛情有利的東西，這些指責反過來其實

是她對自己的指責。[註14] 她對父親還有其他的指責，說他的健康不好只是一種藉口，說他只是利用這個藉口來達到自己的目的。這些指責，也同樣地遮掩著太多她自己的秘密。

有一天，她告訴了我她的一個新症狀，她經常覺得胃像穿刺般地巨痛。

我一針見血地問她：

「妳又在模仿誰了？」

前一段時間，她曾拜訪過她的堂姐——她已去世的姑母的女兒們，年輕的那個已經訂婚了，她的姐姐因為這個消息而胃痛，病倒了，繼而送到西木林（Semmering）——位於維也納南部約80公里山上，一處非常有名的療養勝地去治療。

在杜拉心裡，之所以得那種病完全是因為堂姐的嫉妒心使然，每當堂姐想要得到什麼東西時就會病倒，而她現在最想要做的，就是離開那個家，去除對妹妹幸福婚姻的嫉妒。不過，杜拉的胃痛告訴我們，雖然她覺得堂姐是一個裝病的人，但她卻讓自己像堂姐一樣。這種「心理模仿」的原因，可能是她也非常嫉妒那位幸運女孩的愛情，要不就是她把堂姐最近失戀的遭遇假想成自身的遭遇（我將在後面進一步討論這個胃痛症）。

另一方面，從 K 女士那裡，杜拉也看到了生病帶來的好處。她知道，K 先生一年中有一部分時間都是在旅行，當他回

註14 問題就是，杜拉如果愛K先生，在湖邊度假那個遭遇中為什麼又會拒絕他呢？或者說，為什麼她的拒絕那麼直接，似乎他傷她傷得很深？再者，一個女孩子沉浸於戀愛中的時候，怎麼會因為一個不唐突、不冒失的愛的表示，而感到受辱呢？

·L.H.O.O.Q.（長鬍鬚的蒙娜麗莎）

杜象，1919年，達文西的《蒙娜麗莎》，印刷品、鉛筆，19.7 × 12.1公分。右圖：《蒙娜麗莎式的達利》，哈士曼攝影。

杜象和拿破崙是代表法國的兩個法國人。1919年，他為蒙娜麗莎加上了兩撇小鬍子（左圖），不僅意味著超現實主義、革命的誕生，甚至也意味著兩性關係在近代的巨大改變，意味著性模仿、性反叛和對潛意識的探索。（右圖）畫中達利的臉和蒙娜麗莎的臉被混淆在一起了，古典美的嚴肅性開始受到幽默與荒誕主義的挑戰。

到家的時候，他太太總是身體不太舒服；然而，杜拉知道，前一天他太太還好好的。杜拉心裡明白，當丈夫在身邊時K女士假裝病倒的真正原因，是為了免於履行她所厭惡的夫妻間之性義務。

當談到這裡的時候，杜拉突然說，住在B城的頭幾年，她的健康狀況也時好時壞，與K女士的情況很類似，因此，我懷疑她的健康是否還受到其他事情的影響。我們可由聯想的相鄰性、時間的相鄰性，確立一種尚未公開的內在性關係的存在。就像寫字一樣，只要把「a」和「b」連在一起寫，那麼就可以形成「ab」，這是一種精神分析的技術性原理。

杜拉的咳嗽曾多次發作，甚至造成失聲。她所愛的人的出現與消失，會影響她病症的出現或消失嗎？如果答案是肯定的話，我們一定能找到一些非常巧合的事情，或其他顯示真相的事情。我問她，

這些病症發作的平均間隔時間是多長？「通常是3～6個星期。」K先生一般不在的時間是多長呢？她非常勉強地回答說：「也是3～6個星期。」

她對K先生的愛，表現在她的病症之上，如同K女士的病表明了她對丈夫的厭惡感。現在，只需要假設她的行為恰好與K女士相反。K先生不在時，她生病；他回來之後，她就好了。至少在病症剛開始發作的時候，似乎是如此。由於巧合的規律性將會暴露她內心的秘密，所以在研究她病症後期時，我們不需再去關注她發病的時間，與K先生不在的時間的巧合點。病症後來發作時間的長短，已不具太大的意義。

很久以前，當我在查柯（Charcot）的診療中心工作時，曾經看過有歇斯底里性啞症的病人怎樣寫小說。這些病患能比別人更流利快速地寫出東西，要不就是寫得比以前更好。杜拉也有這樣的行為，在失聲發作的前幾天，「特別容易寫很多東西！」其實，這個舉動不需要從心理學的角度來解釋，這僅僅只是生理上的需要使然。

不過，值得注意以下這些詮釋相當有理的事件。K先生旅行時常寫信給杜拉，還寄些風景卡片給她。他總是出其不意地回家，讓K女士沒有辦法防範，但杜拉卻是唯一知道他何時會回來的人；再者，一個人用寫信的方式與一個不在身邊的人交談，這和一個人在失聲的時候，只能以寫代說的情

· 情人

懷斯，1981年，乾筆畫，57.2×72.4公分，魯·懷斯夫婦收藏。

陽光幾乎是驚人地逼真，但和攝影不同，懷斯關注的是「情人」的心理：她看著黑暗的室內，忘記了窗外的世界。陽光將她的乳房和大腿照耀得如黃金般奪目誘人，使我們彷彿看到情人心靈的火焰：內心——這是懷斯真正的態度。杜拉妄想自己是K先生的情人，這種非理性的夢魘正是一種被灼痛的感覺。

況是完全一樣的。

由此，杜拉失聲的原因，可以這樣解釋：

當所愛的人離開的時候，她自動放棄說話的方式；既然自己不能和「他」談話，言語在這種情況下就失去了價值。而另一方面，她開始重視寫字的方式，因為這是和那個不在自己身邊的人唯一的聯繫方法。

然而，我能否就此斷言，所有例子中，我們在發現有週期性失聲發作的情況下，就可以下診斷說——病人有一個所愛的人，而這個人有時離開病人呢？我絕對沒有這樣的意思。決定杜拉病症的因素過於特殊，我們無法預測是否有相似的病歷會不時出現。那麼，現在我們對這個病例失聲的解說，有什麼意義呢？難道，我們讓自己變成了一部虛有其表的作品的受害者了？我不這麼想。在此，我們不得不回顧這個常被提起的問題——歇斯底里症狀的病因，是來自心理還是身體，如果前者是對的話，是不是所有症狀都來自心理因素。

這個問題，與許多還未成功解決的問題一樣，仍有待執著的研究者去解決。任何單一的心理或身體層面，都無法完全把問題的本質解釋清楚。根據我的瞭解，所有歇斯底里的症狀都牽涉到這兩個層面。它在缺乏某種程度的身體的配合因素，或是缺乏身體器官某種正常的或病理的過程之下，就沒有辦法產生。而且，如果它缺乏心理因素，是不可能

· 裸體的瑪哈和穿衣的
　瑪哈

上　《穿衣的瑪哈》，哥雅，1800-05年，畫布、油彩。

下　《裸體的瑪哈》，哥雅，1800年，畫布、油彩。

瑪哈有兩幅，一幅穿衣，一幅裸體。穿衣的那幅使哥雅受到好評，裸體的瑪哈由於眼睛太富有挑逗性，使這位西班牙最偉大的浪漫主義宮廷畫家被輿論視為淫亂。其實，兩幅畫要說的東西都一樣，但人們反應卻不同。偽善者慣用的方法就是混淆色情與審美，企圖讓道德脫離肉體。但是，充滿七情六欲的人類，終究還是不可能超越自己的生物原則與宿命。

重複發生兩次以上的——歇斯底里症狀的特徵之一，就是擁有重複出現的能力。

歇斯底里症狀本身並沒有這種因素，僅僅只是借用，像是連綴上去而已；而且，意義會隨著那被壓抑而急於想掙脫束縛的思想而定，隨時可以改變。同一時間裡，還有一些因素在發揮著作用——讓潛意識的念頭和身體的表達方式之間的關係變得合理，以及讓那些關係接近某種典型的形式。

以治療的目的來說，「意外的」心理素材是最重要的決定性因素；想要解除症狀，就需根據其心理意義而定。當精神分析能夠清除的東西被掃除完畢時，我們開始建立症狀的生理基礎——如同一種體質上或器官上的假說。

在杜拉這個病例裡，有關她咳嗽與失聲的問題，我們不可以僅以精神分析作出解釋，還必須指出器官因素，指出她對一個週期性不在她身邊的男人，所表達出來的愛情之「身體的配合因素」（Somatic Compliance）的根源。在此病例裡，如果症狀的表現與潛意識的精神材料之間是一種驚人的關係，那麼，在其他任何例子中，我們也可以找到這種驚人關係的影子。

也許有人會說，精神分析得出：解答歇斯底里問題的線索，不是「神經細胞的分子與分子間的奇特不穩定性」，也不是一種很容易進入「催眠狀態」的方法，真正的線索是「身體的配合因素」。針對這種反對意見，我的回答是，該問題也許已得到某種程度的解決，但並不總是因這種新見解而得以簡化。因為我們沒有必要再解決這個問題，而僅僅只需處理歇斯底里和其他精神病之間不同的部分就可以了。

　　在得到「身體的配合因素」所提供形體上的配合之前，所有精神病之潛意識的精神趨勢，都經歷過一段很長的相同過程。在身體的配合因素尚未形成之前，不同於歇斯底里症狀的現象就已經出現了。但是，它仍然是一種與恐懼或強迫性行為有關的東西，即是一種精神病。

杜拉生病的真正目的

——她之所以生病，是因為她想奪回父親的關心，想讓她父親和K太太分開。

我們現在來分析一下，杜拉對父親的態度所代表的深層含義。她之所以批評父親是一個裝病的人，只是想表達她對自己早期多病的自責感，在她的潛意識裡，同時也是對現在情況的自責。在這個時候，醫生所要做的工作，通常是揣摩那些從分析發現的暗示和隱喻。我對她說，她的健康狀況之所以欠佳，是因為心理動機；再者，如同她對K女士的病十分清楚一樣，有著其他目的在搗亂。

我覺得，她是想藉著生病達到她所想要的目的——分開父親和K女士。不過，她的祈求或爭論都沒有成功，有可能她想透過恐嚇的手段達到目的（她曾寫訣別信），要不就是希望得到父親的憐惜（她曾經昏倒過很多次），再不是，要是上述動作都失敗的話，她至少還可以報復他。

她十分清楚父親非常疼她，只要他知道她生病，就會急得掉眼淚。我可以肯定，只要她父親說，為了她的健康願意犧牲K女士時，她會立刻好起來。可是，我卻不希望他這麼做，因為這樣做的結果是，她將得到一個強而有力的武器，以後只要一逮到機會，她就會再次利用生病來達到目的。但是，如果她父親對此毫無反應的話，我敢說她的病將很難好起來。

以下我省略細節不講，將論述重心放在歇斯底里症中「生病的動機」所扮演的角色，作一些概略式的評論。生病的「動機」，一定要嚴格地與生病的經常性、症狀所由來的材料區分

· 躺著的裸體

莫迪里亞尼，1917-1918年，
畫布、油彩，60 × 92公分，
米蘭基安尼·馬蒂奧利收
藏。

現代繪畫拋棄了立體的重要
性，如這幅裸女：畫家強調
的是粉色的刺激，目光的深
邃，姿勢的隨意。深受塞尚
等人影響的義大利畫家莫迪
里亞尼，在生活中也是個多
情種，年僅35歲就死於肺結
核。當時，與他熱戀的女友
珍妮，在他死時也跟著跳樓
殉情。大凡陷入情愛或性愛
中的女人，都像佛洛依德的
這個患者一樣有病態傾向，
她裝病不過是為了分開父親
與K女士。

開來。症狀的形成與「動機」沒有關係，而且，在
病症剛開始時並不存在所謂的「動機」，它們是後
來才存在的。但是，「生病的動機」出現後，疾病
的全貌才能完成。[註15] 在任何一例長期病痛的病例
中，我們都可以發現它們存在的影子。

　　一種症狀在剛開始出現時，就如同一個不受歡

註15　1932年，時間可能不太準確。「生病的動機是隨後出現的，在症狀出現
之初並不存在。」這個結論已經不合理了。在該文下一段中被提到，生
病的動機在生病以前就已經存在了，而且，導致病發作的部分原因就是
它們。後來，我因為要把生病的「原本收穫」（the Primary Gain）與
「附帶收穫」（the Secondary Gain）區分開來，而找到更合理的解釋，
在本段末尾所講幾句是「附帶收穫」的部分。而「原本收穫」，在所有
心理症裡都能夠識別出來。首先，心理負擔會因為生病而解除（我覺得
這是「逃避進疾病裡」），雖然大部分病例到了末期的時候，這種「逃
避」就不再有什麼效果，但是，它仍然是精神受困時最經濟方便的解
決途徑。像原本收穫的部分，是「內在的」或心理學上的，也是持久的，
除此以外，促成生病的動機還有外在因素（就像前面曾說的K女士和她
丈夫的關係），這是原本收穫的「外在的」部分。

迎的客人強行進入病人的精神生活，周圍全是敵視的目光，這也就是它為何很容易隨著時間逐漸消失的理由。病人在剛出現一種症狀的時候，常常不會意識到它的實際「用處」是什麼，但生病有時會把某些「好處」帶給病人，所以，病人們在潛意識中常常不知不覺地利用「生病」以達到某些目的。這樣一來，症狀便產生了一種附加的作用，於是，病人在自己的精神生活裡，總是對症狀持寬容和保護的態度。在此情況之下，所有想要讓病人復原的人，都會遇到讓人吃驚的抗拒力，此時，他會猛然發覺，其實病人想要驅除病症的決心，跟他外表所表現出來的完全不一樣。

假如有一個泥水匠工人，從房子上摔下來而成了一個廢人，如今靠街頭行乞生活。再假如，此刻有個創造奇跡的人向他允諾，可以讓他的傷腿完好如初。我想，想要從那工人臉上看到感激、驚喜的神色，是不可能的！有可能在他受傷的那一瞬間，他會覺得自己十分不幸，因為他以後將無法工作，而必須靠別人的憐憫過日子，甚至可能餓死。不過從那以後，他靠殘廢生活，那使他丟掉工作的東西現在卻變成他收入的來源。如果現在連這個也失去了，他便真的失去依靠了。因為這個時候的他，早已忘記工作技術與謀生習慣，而變得非常懶惰，還很可能已沉迷於杯中物了。

生病的動機，甚至早在童年時期就已經開始顯現出來了。小孩子為了不想和兄弟姐妹分享父母的愛，他知道，父母會因為他生病而擔心，到那時候他就能獨佔父母全部的愛。於是，他找到了一種得到父母愛的方法，他會在心理趨勢產生訴諸病症的傾向時利用這種方法。

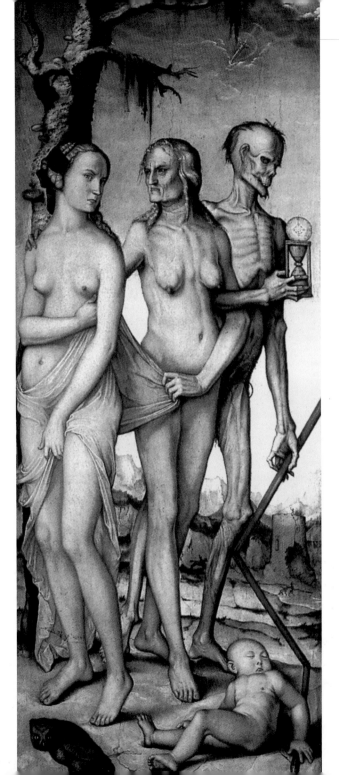

·人生三階段與死亡

漢斯·巴爾東，16世紀，畫布、油彩。

畫中的嬰兒（因為脆弱）、少女（因為青春）和老婦（因為死亡），是一切人最憂慮的三階段。老婦人下垂的肉體的確讓人憐憫，但那只是肉體的悲劇，而很多精神病的動因早在童年時就出現了。作為德國大畫家杜勒的學生，巴爾東比他的老師更關心死亡的恐懼，而不是對風景與肖像的崇拜。巴爾東1545年死於斯德拉斯堡時，已經是一位對該地區相當有影響的人物。

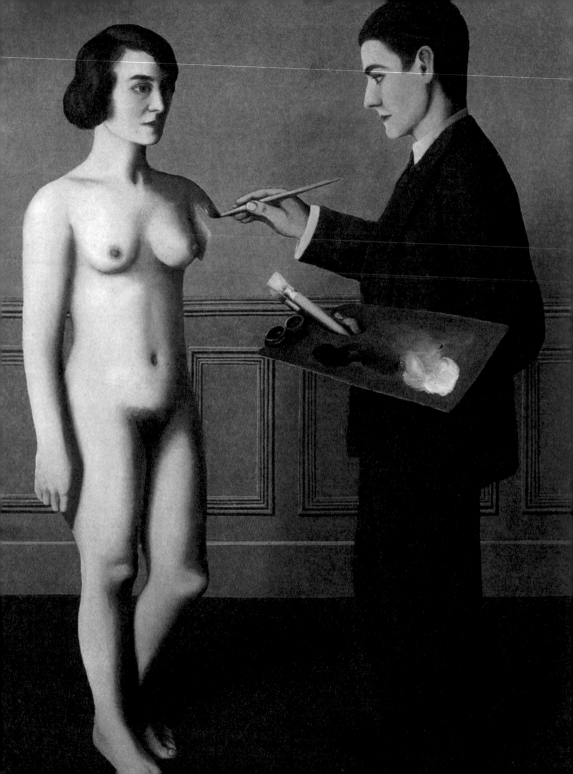

　　當這種孩子長大變成真正的女人之後，她也許
會發現，她的意志由於嫁給一位不體貼的丈夫常受
到壓制，她工作的能力同樣被利用，但卻得不到一
點感情、一分錢。這一切，使她小時候慣用的需求方
式，絲毫起不了作用。在這種情形下，維持她地位的
武器就只有「生病」，這會讓她得到想要的照顧。

　　她生病了，她丈夫就不得不在金錢上作出犧牲，
並悉心照顧她，這些都是她健康時所得不到的。在她
康復後，他也必須對她好，不然，她又會舊病復發來
威脅他。她的病情肯定是不自然的，她的主治醫生心
裡非常清楚。而且，使用這樣的藉口，她的良心不會
受到譴責，童年時期的她早就知道利用這種方法了。

　　這種病症通常都是病人自己的「傑作」。一般情
況下，它們都是因為某人所引起的，當那個人不在
時，病症也就沒有了。在某種意義來說，有關歇斯底
里特徵最籠統與普遍的看法──似乎是由沒有受過
教育的病人親屬或護士那裡聽說的──都是對的。

　　就算是一個麻痺而躺在床上的女人，在發現房
子著火的情況下，為了活命她也會跳起來逃命。在
聽說自己的孩子得了重病，或家裡慘遭什麼大不
幸的時候，即使是被寵壞了的女士也會馬上把她所
有的病痛忘掉。人們這樣說的時候，總是忽略了意
識與潛意識是有區別的。對小孩子來說，這種說法
也許行得通，但對大人來說，就不行了。這也是為
何對病人斷言：「那只不過是意志力堅強與否的問

題」，藉此把鼓勵或譴責傳達給病人，常常會起不了作用的原因。首先，一定要運用分析法，讓病人產生生病的動機才行。

對生病動機的過程透析，是各種治療歇斯底里法的致命弱點。同樣的，精神分析大致也是如此。但是，精神分析比較方便一點，它不需考慮病人的體格或病原體。它的目的只是運用分析，把生病的動機去除，讓病人能夠暫時或永久地康復。在我們對病人所隱藏的隱私有較多認識的情況下，醫生所記載的奇跡式康復，症狀自然消失的歇斯底里病例就會很少。

這類奇跡式的康復和症狀自然消失，一般源於以下三種情況：

第一種情況是，讓別人知道病情的時機已過了；第二種情況是，對於某人的顧慮，病人現在已覺得不重要；第三種情況是，因某種外來事故，情況已發生了改變——雖然當時整個失常狀態達到最頂峰，但在遭遇某個突然打擊之後便消失了。從表面上看，好像是自然康復，實際上，是因為這一打擊把依附在病人身上最直接的生病動機解除了。

在所有病例中，導致病人生病的動機都有可能被發現。但是，有些病例的動機卻是隱藏性的，比如說伴隨著懺悔與內疚的自我懲罰的動機。這種病例比起那些暗含外在目的的病，比較容易治療。在杜拉這一病例裡，她之所以生病，是因為她想奪回父親的關心，想讓她父親和K太太分開。

· 贈送：1.瀑布，2.燃氣燈

杜象，1946-1966年，聚脂乙烯、樹枝、綜合材料裝置。

對美人臉的取締，是現代思維的結果。無面目的女性躺在山洞外，手中的煤油燈可以解讀為她對男性性器尋找的現代圖騰。達達主義者曾經利用杜象作品的微妙性大搞宣傳，其實杜象是個不折不扣的哲學家，很清醒，而且很有自控能力。佛洛依德也因為大膽地和杜拉談「性」而震驚醫學界。

Dora

杜拉那特別的咳嗽

——醫學的恐怖與震驚——她清楚地知道，她說，不只一種愛的滿足方法……

最讓杜拉難過的是，對於她的解釋，她的父親一點也聽不進去，還主觀地認定她所說的湖畔事件只是她的幻覺。面對這種指責，加上父親一副毫不關心的態度，讓杜拉幾近發狂。因為想探究那隱藏在她強烈否認這種指責背後的自責是什麼，我曾迷惑了很久。

懷疑它背後有什麼，我認為這是一種合理的猜測，因為沒有人會為了無關痛癢的指責，而感到難堪。再者，杜拉的故事在每個方面都必須與事實相對應。她一發現K先生的不良企圖後，不聽任何解釋，就打了他一耳光，轉身就走。她的這種行為，K先生一定沒法理解，我們也不太理解。因為長時間的相處過程中，他肯定從她那裡得到一些暗示，並且對她的感情應該很有把握。關於這個謎的解答，以及目前我們仍然弄不懂有關自責的答案，將在我們討論到她的第二個夢時得到解答。

由她再三地埋怨父親，並且老是咳嗽的症狀，我猜測，她的咳嗽也許與她父親有關係。但是，排除掉這個關係，我之前對這個症狀所收集的解釋，依舊無法找到足夠的證據。由一項從經驗中反復獲得證實的原理——我還不敢說顯然它是一項普遍

·破布旁的立像

盧西安·佛洛依德，1988-1989年，畫布、油彩，169 × 138公分。

皮膚肌里粗糙，筆觸精彩得讓你好似身臨其境，白布上的中年婦女把「性」作為現實，擺在你面前。為什麼婦產科醫生就可以讓女性任意暴露身體，而精神病大夫就不行呢？畫家盧西安·佛洛依德，是本書作者西格蒙·佛洛依德的孫子，是一位很固執的現實主義畫家。這是他1989年完成的作品。盧西安不關心心理描寫，而是把真實直接誇大，迫使你不得不接受哪怕是醜陋的形象，他的模特兒通常都是熟人。

原則這種話——即「包含性內容的幻想表現或實現,就是症狀」。也就是說,症狀是一種性的暗示之表現,也可以這樣說,症狀的涵義裡至少有一種是性幻想的表現,但在其他的涵義裡,就沒有這樣的說法。

所有從事精神分析工作的人,在一段時間後都會發現:一種症狀代表很多種意義,並且同一時間裡,還代表著多個潛意識的精神作用過程。我還要再添加一句,據我的揣測,只有一種幻想或潛意識精神作用過程,是沒有辦法產生出一個症狀的。

用一種假設的性暗示,去解釋杜拉的神經性咳嗽,很快就能開始嘗試。杜拉又再次表示說,K女士之所以愛她的父親,是因為他是一個「很富足的人」。從她的表達方式裡顯示出的某些細節,讓我懷疑在那句話的背後存在著相反的意義,換句話說,從性方面來看,她父親是個「貧窮的人」,也就是說,她的父親身為男人,在性方面很貧窮,是個性無能。杜拉從自己所瞭解的知識做出了這種解釋。

現在,我要指出其中的矛盾:

一方面,她堅持認為,她的父親與K女士之間有戀愛關係;但另一方面,卻又堅信自己的父親是個性無能,也就是說,他沒有辦法做那種事。她的回答,表明她沒有必要正視這個矛盾,她瞭解得很清楚,她說,滿足性的方法不只一種(她從何處獲得這個知識,也是無法追究的)。我再問她,她是不是想表達,除了生殖器之外,還有其他可以用於性交目的的器官。她肯定地回答了我。於是,我接著說,在那樣的情形下,她一定恰好想到,那些在性的暗示裡容易受到刺激的身體部份

——喉嚨與口腔。不過，如果症狀的產生要變成事實的話，那她肯定不能完全明白這種事情。

但是，下面的結論卻是無可爭議的：

她總是在喉嚨受到一種騷擾性的刺激而劇烈咳嗽的時候，想起那不時在她心裡盤繞的情景——兩個情侶接吻以達到性滿足。咳嗽的症狀，在她默認這種解釋後不久就消失了——這與我的看法是一樣的。但因為以前她的咳嗽也常會自動消失，所以我不願過於強調這一點。

對醫學界的讀者而言，這個簡短的分析可能會引起騷動——除半信半疑之外，還會讓他們感到震驚和恐怖。為了看看它們是否合理，下面我將對這兩種感受作一番探究。

他們之所以震驚，或許是因為我竟然和一個女孩，探討這種微妙且讓人不高興的問題——也可以說是，對所有仍然有性能力的女人討論這個問題。之所以恐怖，肯定是因為一個毫無經驗的女孩，竟然對那種事知道得那麼詳盡，還讓那種想像佔滿她本應純潔的心靈。關於這兩點，我希望他們能冷靜且理智地去看待，實際上，無需為了少女想像那種事情而感到氣憤。

一個男人對女孩子或婦女們談論那些與性有關的問題，但不對她們造成傷害或為自己招來嫌疑，是非常正常和可能的。首先，他採取的方式必須特別，再者，讓她們明白那種事情是無可避免的。就像婦產科醫生可以毫無顧忌地，要她們把身體的任何部位暴露出來。

乾脆而直接，是談論這種事情的最好方法，同時，這種方式也會讓你離猥褻最遠，一般社會對那種事情的態度就是猥褻，而婦女們也都對它非常習慣了。我通常使用學術性的字眼

稱呼身體的器官和作用過程，在病人不瞭解這種名稱時，我還會解釋給她們聽。

　　當然，我也聽說有些人——外行人或醫生——在這種方式的治療中做出卑鄙的事情。他們好像非常嫉妒我，據他們的觀念，嫉妒我的病人享有因這種治療所帶來的快感。不過，我太清楚這種人的道德觀了，因此不會被他們激怒。我將拋開一切誘惑，避免去寫一篇諷刺他們的文章。

但我還是必須提起一件事：一開始覺得性的問題不容易說出口的病人，經過治療一段時間後，我非常滿意聽到她這樣說：

「啊！比起與某先生的交談，你的治療是要可敬些！」

只有那些相信性問題的不可避免性，以及願意讓自己被經驗說服的人，才能夠勝任歇斯底里的治療。正確的態度應該是：pour faire une omelette il faut casser des oeufs（不入虎穴，焉得虎子）。

病人自己是很容易被說服的，在治療過程中這樣的機會非常多。所以，不要因為與她們探討有關正常或變態的性生活問題，而良心不安。除了認真進行工作之外，我們需要做的就是把潛意識層的想法，「昇華」成意識層上的意念。因為我們的一項認知，決定了治療的整個功效：潛意識意念的影響力比起意識層意念，來得更加強烈而無法控制，所以，它的影響帶有較大的危害性。

對一個沒有實戰性經驗的女孩來講，她絕對不會有墮落的危險。因為性知識的缺乏，甚至在潛意識中也缺乏的話，是不可能產生歇斯底里症的。而且，一旦產生歇斯底里症，就不可能再有父母親或師長所說「純潔的心靈」之存在。十多歲的小孩子，無論是男是女，只要產生歇斯底里的症狀，就絕對不再會有純潔的、幼小的心靈。

· 西瓦爾

薩麗 · 曼攝，1991年。

傍晚的田野幽靜神秘，正是綠野叢林的仙子跳出來嬉戲的時刻。她小小的年紀，清純的面容稚氣未脫，優美的姿態卻已有些風情萬種了。薩麗 · 曼拍攝了很多這類兒童題材的照片。這位攝影家的本意是，孩子的姿態是與生俱來的，而非從廣義的文化中學來的。像佛洛依德一樣，這位女攝影家否定了童年的純潔，也否認了人性是隨著成長而毀壞的。

杜拉為什麼喜歡吮吸大拇指

——嘴唇和口腔的粘膜是初期的「性感區域」，我想，沒有人會對此有異議。

　　第二類的反應情緒——恐怖，並非針對我而來，只是覺得我的病人的變態性幻想非常恐怖。我唯一想說的是，一個真正從事醫學工作的人，不應該在這個問題上表現出過多的情緒化傾向，繼而指責病人的病態想法。一個醫生在撰寫性變態的相關學術論文時，沒有必要對撰寫的內容表現出憎惡的情緒，面對這個事實，我們應該保持科學的態度，嚴謹地研究這些問題，所以，我們必須拋開個人的感受，用嚴肅的心態去看待這門學科。

　　我們在談論所謂的性變態時——性對象選擇的正常情形或性的功能超越有關的身體部位——應該保持冷靜的態度。而所謂正常性生活的界限是不明確的，在當我們考慮不同的紀元、不同的種族之時，足以讓狂熱者的熱情降溫。我們的確不該忘記，那讓人最為噁心的性變態，兩個男人之間的性愛，不僅曾被文化比我們悠久的民族希臘所容忍，而實際上希臘人還賦予其重要的社會作用。我們所有人在自己的性生活中，多多少少都有點逾越——一會兒在這個方向，一會兒在另一個方向——那為正常情況所規定的狹小空間。就情緒上的意味來說，性變態並不野蠻，也不退化。

　　他們是嬰孩時期沒有分化的性前期的「種子」結出的果實，而且因為被轉移或壓抑到較高的級別——非性的目標，也就是變成了我們文化上太多成就的動力來源。由於有過一段心

理障礙的時期，所以，我們在那些人「變成」一個性變態者的時候，不如說他「依然」是一個性變態者。

任何精神病患者都懷有強烈的性變態傾向，這種傾向在發展過程中曾受到壓抑，繼而進入到潛意識層裡。所以，文獻上所記載的性變態行為，和我們潛意識的幻想內容完全一樣——即便他們並沒有看過克拉夫特·艾賓（Krafft-Ebing）的《性病態：238個真實檔案》（*Psychopathia Sexualis*），那本書認為，純潔的人對造成變態的傾向應該承擔非常大的責任。精神病症可說是性變態的「負效應」（negative）。精神病患者的性的構成，受到遺傳以及他們生活史中所有意外的影響，這些影響阻礙了「性」往正常方面發展。就像一條流水在遇到河床障礙物時，會被擋了回去而流入其他幾乎已乾涸的舊河道。

造成歇斯底里症狀的動機，原因有二：一是正常性活動受到了壓抑，二是潛意識裡存在的性變態活動，不為人排斥的性變態行為，廣泛地分佈在整個人類。這一點，除了醫學方面的專家外，一般人都知道。或許，我不講他們也明白，只是他們故意在提筆寫作的那一刻把它忘掉。

因此，這個患有歇斯底里症的18歲女孩——已經知道吸吮男性生殖器是性滿足方式之一——會產生這種潛意識的幻想，進而以喉嚨的刺激與咳嗽表現出來，是非常正常的。同時，即使不是由於外在來源的啟示，她有這樣的幻想也沒什麼特別——我在其他病人那裡也見過這種情形。在她的病例裡，有一項值得關注的情況，為獨立創造內容和性變態者行為一致的幻想，提供了必不可少的身體上的條件。

她清楚記得，她小時候是個「吮大拇指者」。她的父親也

·暴風雨

吉奧喬尼，約1500年，畫布、油彩，79.5 × 73公分，威尼斯藝術研究院。

一直到今天，人們仍然不能肯定與提香齊名的這位16世紀的偉大畫家，在這幅畫中畫的是什麼！中間湖中的水，曾被認為應該還有一位洗澡的裸女。母親、嬰兒和士兵，是否是強暴的象徵？吉奧喬尼給人類留下的謎，猶如精神病人留給醫生的幻覺，匪夷所思。

記得，5 歲時她才改掉這個習慣。小時候的一幕情景，杜拉至今仍記憶猶新——她坐在一處角落裡，吮吸著自己的左手大拇指，同時還用她的右手去拉靜靜坐在她身邊哥哥的耳朵。

在此，我們可以得到一個以吸吮方式來自慰的典型例子，在別的精神衰弱或歇斯底里的病人那裡也可見到同樣的情形。這種奇怪的習慣，曾經有位病人提供我一個啟示，她是一個一直戒不掉吸吮習慣的年輕婦女，根據她的說法，早在自己 1 歲半的時候，她總是一面吮吸保姆的乳頭，一面伴隨這節奏去愛撫她的耳朵。

嘴唇和口腔的粘膜是初期的「性感區域」，我想，沒有人會對此有異議——它在平常的接吻中具有此種含義。在童年時期，這一性感區域便被頻繁運用，對繼起的身體配合因素的存在起決定性作用，這便是由嘴唇開始的帶有粘膜的腔道。

所以，當男人的性器官，即真正的性器官被知道之後，口腔區性衝動的性暗示便會增加。於是我們不難想像，陰莖替代原先的對象——乳頭以及一直都被當作替身的手指頭，變成了性欲對象，以接續童年時期所享受的滿足感。所以，吸吮陰莖這種讓人難以接受的變態幻想，其實擁有最純潔的基礎。它僅僅只是吸吮母親或保姆乳房的最初印象——一種看到小孩吮吸奶水就會出現的印象——的新翻版。

　　在很多情況下，乳牛的乳房容易讓人聯想起一種處於陽具和乳頭之間的東西。之前我們對杜拉喉嚨症狀的討論，可能還能分析得更明確些。也許會有人提出這樣的問題，如何把她想像中這些行為的情況，和我們對其症狀所作的其他解釋聯繫起來。應該這樣解釋，症狀出現或消失的關鍵，在於她所愛的男人離開與否，並且在對他妻子行為進行參照的情況下，有以下的意思：

　　「假如他的妻子是我，我會用一種全新的方式去愛他。他不在家的時候，我便生病（因為思念），他在家的時候，我就好起來（因為高興）。」

　　我不得不回答這個問題，由我治療歇斯底里症狀的經驗可以得出:一個症狀所包含的各種不同意義並不是非要相互一致，也就是說，只要所有引起症狀的不同主題內容得到一致性就足夠了，並非要擁有極高的統一性。再說，在此病例中，就連第一種的一致性也是困難的。其中一項意義與咳嗽有關，另一項意義則與病症的週期性與失聲有關。

　　更進一步精密的分析，可能會揭露更多與該病細節有關的精神內容。我們已經知道，一個症狀可「同時」按一定的規律呼應數項意義。現在，我們更深入的說明，它能夠「依次地」表達幾項意義。一個症狀在經過幾年後可改變其意義，或改變它主要的意義，或者是主要意義可以從這個轉到另一個。這與精神病的性格中，那種以保證症狀一旦形成即盡可能被保留的屬性一樣，即使它在潛意識裡已失去存在的意義。

　　站在機械主義的角度，對這種保留症狀的傾向進行解釋，是一件非常簡單的事情。因為產生這類症狀的時間並不長，

·強姦

馬格利特,畫布、油彩,休士頓基金會。

性與夢,是一切超現實主義繪畫的主題。馬格利特很直觀地闡述了他對強姦的看法:乳房變成了眼睛、陰部變成了嘴唇,整個肉體就像一張臉,在等待被侮辱。佛洛依德很徹底地把人類的一切行為都總結為性心理的延續,如杜拉從小吮吸大拇指就是早期性快感。這不乏一定的絕對性,但發人深省。因為基督教的全部道德根源,無非就是「原罪」,就是性。性即智慧。侮辱性,就等於背叛智慧。

單一的心理活動想要由身體表現出來——我將此過程稱之為「轉移」——要借助於許多有利的情況。轉移的必要條件——身體的配合因素,是很難得到的,所以,潛意識活動想要自由,就只能利用現在所擁有的發洩通道進行釋放。

和現在需要發洩的新念頭與不再需要發洩的舊念頭之間形成聯想途徑比起來,創造一種新的轉移

· 模特兒和她的兒子
——紐約

安妮‧萊波維茲攝於紐約，
1986年。

吸吮乳頭，是人類在嬰兒時
期與生俱來的一種反應，口
腔是人類第一個被喚醒的性
感區域。由於這一種性的滿
足方式具有更大的隱秘性，
杜拉在受到 K 先生陰莖的
壓迫後，性感部位轉移到口
腔，引起她的咳嗽和嚴重氣
喘。

方式似乎要困難得多。從新的衝動來源到舊的發洩之道，發洩的衝動沿著這些途徑傾瀉到症狀裡，如同福音所講的那樣——舊瓶盛新酒。

由這些說明可以證明，歇斯底里症狀的心理因素由於替代物較早被發現，因而非常多變；身體因素卻相對較穩定，不易變動。因為從心理學的觀點來看，精神因素總是比生理因素更具意義。所以，我們無法從比較這兩方面因素中得出任何結論。

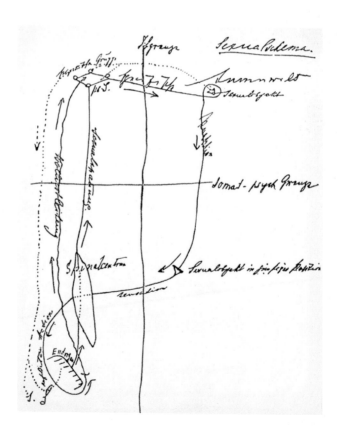

· 性欲圖解

佛洛依德繪於致弗利斯的信中，1895年。

佛洛依德在他1895年致弗利斯的信中，畫上了這幅示意圖，意在說明缺乏性興奮與心情抑鬱之間的關係。

戀父情結：要我，還是要K女士

——因為K女士的出現而備受打擊的人，並不是杜拉的母親，而是杜拉本人。

杜拉的腦海裡，總是反復出現對她父親和K太太關係的偏見。如果對這種反復性進行更深入分析的話，也許能找到更重要的意義。實際上，這種反復出現的景象，總是不斷地在誇大和加強，與韋尼克（Wernicke）所說的「超價的」（Supervalent）一樣。雖然從表面上來看，它的內容是合乎情理的，但它同樣含有病理上的特徵——即無論你如何試圖用意識去控制這種想法，都無法排除與驅散它。

無論多大強度的正常意念系列，都是可消解的。杜拉感到自己需要用一種特殊方式來放縱對父親的想法。她再三抱怨說：「我無法想別的。我明白哥哥所說的話，身為子女沒有權利批評父親的這種行為。父親告訴我們，反而應該為此感到高興而非煩惱，因為母親一點也不瞭解他，現在他終於找到了他所愛的女人。我非常明白這一點，應該和哥哥想法一樣，但我辦不到，我忘不掉他所做的事。」

現在，一個擁有杜拉所具有的「超級念頭」的人，在知道以「意識」去抗拒那種念頭[註16]產生不了效果時，他會怎麼做呢？反省也可以暗示，這些誇張想法肯定是從潛意識中吸取力

註16 這類的異常想法，一般被叫作「憂鬱病」（melancholia），其深度的憂鬱除外。唯一的症狀，該病也可以透過精神分析而解除，這和歇斯底里一樣。

量。任何思維的努力都無法排除它，因為它來自潛意識裡被壓抑的部分，要不就是因為在它後面隱藏著另一個潛意識念頭。在後者情形中，被隱藏的想法通常與那「超級念頭」互相矛盾。相互矛盾的想法往往緊密相連，而且還結伴而行。當一個想法在意識上可以被誇張時，另一個相反的想法就在潛意識裡被壓抑。介於這兩種想法之間的關係，就是壓抑作用的一種效果。

由於壓抑作用的形成，往往是因過度加強一種與被壓抑念頭相衝突的念頭，我把此過程稱之為「逆向強化」（reactive reinforcement），在意識中無法被清除的誇張想法（就像偏見一般），則叫做「逆向想法」（reactive thought）。逆向想法帶頭以高強度的姿態，去壓抑與之相衝突的想法，而在把它壓抑住後，逆向想法便獲得了更深入的加強，而無法因意識上思維的努力產生動搖。所以，讓那被壓抑的相反念頭進入意識層，是解除那加強誇張念頭的唯一方法。

面對這種問題，我們必須有所準備：一個「超價的」念頭，並非全部是由以上所說的兩種原因之一所導致，而是那兩種原因同時並存所造成的。也可能產生其他的併發情形，但總脫離不了這項慣常模式。

現在，讓我們把這些理論運用到杜拉的病例裡。我們先從她腦海裡充滿了父親和Ｋ女士關係的念頭，該念頭之強迫性是因其根源處於潛意識層中，而她並不知道這第一個理論開始。想要從她的生活環境及其行為裡，挖出那根源的性質是較容易的。她的行為，顯然已超出為人子女所應有的範疇。她的情緒和舉動，與一個嫉妒的妻子沒兩樣——像她母親的一種方式。

·不安的城市

德爾沃，1941年，畫布、油彩，200×247公分。

「要K女士，還是要我」這一呼聲，雖然從未進入杜拉的理性思維，但卻始終是她潛意識的一部分。德爾沃將人類對情欲的妄想表現得很宏大，成千上萬的裸體雲集在古城下，而只有一個自我和遠方的男子（另一個自我）是穿了衣服的。雖然他的人物並不像達利那樣在空中漂浮，但依然飄逸，猶如超現實主義的「創世紀」。

但是，她給父親出了一道選擇題（「要我，還是要K女士」），她老是不滿父親行為，還有她眾人皆知的自殺念頭等等，都代表著她開始佔據她母親的位置。

我們如果想像一下，躲在她咳嗽背後與「性」有關的行為之真相，那麼，她在幻想裡肯定讓自己去代替K女士的位置，所以，她既拿自己與父親曾愛過的女人相比，又拿自己與父親如今所愛的女人相比。結論很清楚，她對父親的愛，其實比她所知道的或肯承認的，要深得多；實際上，她愛著自己的親生父親。

我認為，這種潛意識中的父與女、母與子間的愛情（從他們的異常結果可看出來），與原始的嬰兒時

期情感具有相同的結構。我在其他書裡（《夢的解析》一書），已清楚闡述親子之間性的吸引，如何極早地被感覺到；我也提到，伊底帕斯的神話可能就是這種關係詩化的結果。多數在早期有這種愛情的人，都能夠留下清楚的痕跡。在那些有精神病傾向或早熟而渴望愛情的孩子們的病例中，這痕跡更為明顯。

此時，其他一些影響力也在發揮作用（沒必要在此多加討論），這會讓這類早期遺留愛情變得執著或加強，有可能讓它變成（在孩子還小或青春發育期）類似於性欲的東西，還伴隨著「里比多」（Libido）的行為力量。[註17] 對於我們這種假設而言，病人的外在環境肯定是有利的。

她的個性更像她的父親，而父親的病更促進她對他的感情。每當他生病時，他只肯讓她做些不累的護理工作。他總是因她早熟的智慧而深感驕傲，他在她還小的時候就把她當成自己的希望。是的，因為K女士的出現而備受打擊的人，並不是杜拉的母親，而是杜拉本人。

當我對杜拉說，她對父親的愛戀，肯定曾經在哪個時刻到達過高潮，這使她對他的愛戀達到了頂峰。

「我完全沒有此種跡象。」她依然這樣回答。

不過，她接著又告訴我，與她 7 歲表妹有關的類似事情。她說，她常常從表妹身上，看見自己童年的情景。杜拉去拜訪他們的當時，這個小女孩（已不是頭一次）正目睹父母親吵架，小女孩悄悄對她說：

註17　早期真正的性器官感覺，無疑是關於這一點的決定性因素，自然的、挑逗或手淫的結果。

·有生命的靜物

達利，1956年，畫布、油彩，
126 × 160公分，克里夫蘭
達利博物館。

佛洛依德一生都在研究夢
境之謎，但他用的是語言文
字。而達利將這個謎完全集
中到了全部事物上。日常生
活中的瓶子、餐刀、蘋果、
酒、樹葉、鳥，一直到大海
等等，都成了夢與性的替代
品。而這風景的終極是：蒼
白的晚霞。一切僵硬的事物
在達利的「超級念頭」下，
都突然跳躍了起來，栩栩如
生。

「那個人讓我厭惡！」（她指著她的母親）

「在她死掉以後，我一定要和爸爸結婚。」

這樣的想法，剛好和我對她的判斷一樣，更是
對我剛才所說來自潛意識觀點的一種肯定。在潛意
識裡，沒有其他方式的「是」能夠抽離出來；潛意
識的「不」這種東西，則根本不存在。[註18]

多少年來，對父親與其他女人的愛情，她從不曾
有任何表示。相反的是，她親近那個與她父親關係上
取代她地位的女人，事實上，從她對自己的自責裡，
我們還可看到，她其實非常積極促成那個女人與她

註18　（1932年加註）——我在寫這本書的時候還沒有認識到，從潛意識中還
　　　有另一種很值得注意，而完全可以依賴的肯定方式，即在病人說：「我
　　　不那樣覺得」或「我不想那樣」的時候，我們可以做這樣的翻譯：「對
　　　的，潛意識中，我知道就是那樣。」

父親的關係。那為何最近她又會重新點燃對父親的愛呢？很顯然，這是一種為了壓抑別的東西——那仍然在潛意識中活躍的東西——而產生的逆向症狀。

經過一番深思熟慮後，我做出如下的假設：

第一，她對 K 先生的愛，就是那個被壓抑的東西。我無法不去假設她依然愛著他，但因為無法探知的原因，湖邊度假事件讓她產生強烈的反感，這喚起並加強她對父親的舊愛情，這份舊愛情很快地

·孩子的大腦

基里訶，1914年，畫布、油彩，80 × 63公分，斯德哥爾摩近代美術館。

依佛洛依德的理論，戀父或戀母情結是每個兒童都會經歷的心理歷程。畫面中，這個並不吸引人、陰鬱而妄自尊大的人物，是畫家兒童時期腦海中令他恐懼的父親的形象，畫中的書籍被解釋為母親的形象，露在書外的書籤具有性的含義。這是義大利超現實主義畫家基里訶對佛洛依德理論作出的圖解。

·樓梯

德爾沃，1943年，三層板上油彩，122 × 152公分。

這是一個奇異而純淨的單性世界，純潔的裸體自由地來去，只有院落中的雕像提示過去曾有的兩性時代。

把她從湖邊事件裡解救出來，她清除了這幾年來初戀時的種種顧慮。

這樣一來，關於杜拉心裡矛盾的衝突，我得到一個透徹的結論。一方面，她因拒絕了那男人的引誘而後悔，她對他的陪伴和愛情充滿渴望；另一方面，一股強大的力量阻礙了這些溫情與渴望，而最明顯的力量，就是她的自尊心。所以，她勸服自己，拒絕了Ｋ先生——此過程是壓抑的典型例子——她把嬰孩時期對父親的情感召喚起來並誇大它，以保衛自己並對抗Ｋ先生那不時進入意識層的愛情。但她似乎變成了

·伊阿宋

牟侯，畫布、油彩。

樹葉和圍裙雖然能遮掩下身的羞澀，但任何故意的矜持都不能掩飾內心對 K 先生的渴望。從 19 世紀中葉到 20 世紀六〇年代，由於牟侯反對印象派自然隨意的技法，幾乎被世人遺忘。但時光終不能掩蓋大師的成就，猶如畫上美女掩蓋不了古希臘英雄伊阿宋的神武和美感，他手中殺死雄鷹的東西一向被認為是男性象徵。

無句點的嫉妒感的犧牲者。此情況，代表還有其他因素存在。

我絕不會因杜拉強烈否定我的解析，就認為自己的推測是錯誤的。當病人被壓抑的想法第3次出現在意識層時，她說的「不」恰好說明壓抑的存在與嚴重性，它就如同是測量壓抑作用強弱的儀器。如果這個「不」，由於被認為不是真情的流露（的確，病人沒有辦法正確地判斷自己的真情）因而被忽視，要是治療工作還要持續下去的話，那麼，不久以後，證明這個「不」實際上代表著希望中的「是」的跡象就會出現。

對於K先生的無禮，杜拉承認她無法生氣。她對我說，某一天，她和一位不認識K先生的堂妹一起在街上散步的時候，巧遇K先生。堂妹嚷嚷著：

「喂！妳怎麼了？杜拉！妳的臉色慘白如紙！」

她自己並未發現自己的臉色有何不同，我向她解釋說，情緒與面容的變化是遵從潛意識而非意識層，可說是暴露潛意識的一種方式。

有一次，杜拉來找我，當時她的心情很差，卻又說不出原因。那幾天，她本來一直都是很愉快的，她自己也感到很矛盾。她說，今天她叔叔過生日，不過她不想去祝賀他，她也不明白是怎麼了。我那天用盡了各種分析方法，我要她不停地說話，突然間，她記起K先生也是那天過生日——我永遠都不會忘記對付她的一個事實。所以，解釋為何在她生日收到漂亮禮物時卻無法讓她快樂，這已不再是一件困難的事。K先生的禮物，一直是她暗暗盼望的——曾經最受她喜愛的就是K先生的禮物。但是，杜拉堅決反對我的觀點，等到內心分析將要結束的時候，她才承認我的觀點是正確的。

隱蔽的同性戀情：愛著父親的情人

——一個少女和一個男人初戀前常有的序曲：和一位同性同學浪漫而多愁善感的友情，隨著誓約，接吻，此生不渝的承諾，以及因敏感的嫉妒心引發的爭吵。

現在，我必須進一步去考慮一個問題，如果我是個從事小說寫作的作家，我肯定不會再思考這個問題，但問題是，我是一個致力於探索與分析病人心理世界的從醫人員。那些從事創作的作家，肯定會因為我將要涉及的因素深感失望。因為他們所關心的心理問題，僅限於細膩且富有詩意的心理衝突部分，所以，心理過程必定會被他們濃縮和簡化。而我將討論的因素，卻只會模糊杜拉故事那些富詩情畫意的心理衝突的線索。

但是，在我欲探究的現實世界裡，將介紹動機的連帶問題、精神作用的彙聚與交接等因素，總而言之，其原理就是多重決定因素（over-determination）。因為在對父親和K女士關係的一連串異常想法的背後，杜拉隱藏了自己對K女士的嫉妒——對杜拉來講，選擇的對象只能是同性。長久以來，人們都知道，有些正值青春期的正常少年少女，多少都會表現出對同性的愛戀。一個少女和一個男人初戀前常有的序曲——和一位同性同學浪漫而多愁善感的友情，隨著誓約，接吻，此生不渝的承諾，以及因敏感的嫉妒心引發的爭吵。

在一般情況下，同性戀的傾向會隨時間的流逝而自動消失。但在一個少女和一個男人的戀愛不順利的情況下，此傾向會再一次被里比多（Libido，性本能）引發出來，並有增強趨勢。這種情形如果不難在健康的人中發現，我們所講過的精神

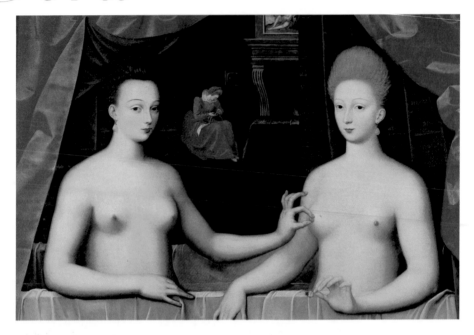

·浴中的加布艾爾-愛絲特里絲及其姐妹

克魯埃，1590年，畫布、油彩，巴黎羅浮宮。

這幅畫的另一考證，據説是楓丹白露畫派的一位匿名大師所繪，意在描寫當時宮廷的同性戀婦女形象。白晳纖巧的手指輕輕地玩弄著對方的乳頭，幾乎使一縷快感的顫抖閃現在肉色的畫面上。克魯埃很細膩，但是他那個時代的畫家還不可能像佛洛依德時代的人那樣，從心理上去分析女性。

病患者的性變態，如果是從正常的起點發展出來的，那麼，我們就能在後者中，把非常強烈的同性戀傾向找出來。事實也應如此，因為我透過精神分析，每次都能在男性或女性病人中，找到強烈的同性戀傾向。

當一位有歇斯底里症的婦人或小姐，其指向女人的里比多取而代之地被加強，甚至到了可被意識到的程度時，通常可以發現，其指向男人的里比多被強烈地壓抑。由於杜拉病例的分析，在這方面猶未顯露曙光時就終止了，在這裡，我無法再探討這個問題——它也是一個瞭解男人歇斯底里症的必要因素。

但是，我要再次提出我之前提過的那位女家庭教師。一開始，杜拉從她那裡擁有了交流的快樂，

但後來她發現女教師對她好，只是因為愛著父親，所以，她把女教師辭退了。杜拉還經常講到另一個與隔離感有關的故事，我們注意其次數與重要性，甚至連杜拉自己也無法解釋這種隔離感。她和堂妹曾經非常要好——不久堂妹和人訂婚——她告訴了堂妹自己所有的隱私。當第一次杜拉不想在湖邊度假的時候，她的父親要趕去Ｂ城，杜拉自然拒絕與他一同前往。於是，她的父親請她的堂妹一起去，她的堂妹同意了。

從那之後，杜拉開始對堂妹態度冷淡，儘管她自己也知道，對堂妹，她沒有埋怨的理由。她自己也非常驚訝，為什麼自己會變得如此無情。透過這些敏感的例子，我看出那時她和Ｋ女士的關係已經破裂得非常嚴重。後來，我發現，這個未成年少女曾和那年輕的女士親密地一起住過幾年。當杜拉留宿Ｋ家的時候，往往是Ｋ女士與她同睡，Ｋ先生則到其他地方去住。於是，她們無話不談，杜拉變成了Ｋ太太的閨中密友，是Ｋ女士所有婚姻難題的解答者。對杜拉和她兩個小孩作朋友這一點，Ｋ女士非常滿意，而那女孩子會和孩子的父親發生什麼關係，她卻從來不管。

杜拉怎會愛上她的密友（Ｋ女士）心目中的那個壞男人呢？這是很有趣的心理學問題。不久以後，在我們意識到潛意識的想法能和平相處，就算是矛盾的想法也能和平相處——我們可以理解這一點，一種有時候出現在意識中的狀態。

當談到Ｋ女士的時候，杜拉總是以一種愛人而非失戀者的羨慕語氣，稱讚她的「可愛的白皮膚」。有一次，她非常感傷地對我說，父親送給她的禮物是Ｋ女士挑選的，因為Ｋ女士非常清楚她的喜好；還有一次，她說她曾得到一件珠寶禮物，那

·公眾之聲

德爾沃，1948年，木板油彩，152.5 × 254公分。

畫中的 3 個女性背後，都揹著一個男士用的大蝴蝶結，這實際是德爾沃對男女性混淆的隱喻。和一位同性朋友浪漫的友情，是很多少女在真正戀愛前都曾有的經歷。潛在的同性戀傾向，使杜拉對生活中的幾位女性，如K女士、堂妹等人，充滿了一些怪異的感情。

肯定是K女士安排的，因為她曾在K女士那裡見過那些珠寶，當時她很想要。

是的，儘管從她「超級念頭」的觀點看來，K女士該被她認定是所有不幸的主因，但我從未聽她說過K女士的壞話。她言行似乎不一致，但表面上的這種不一致，事實上正表現出一種複雜心理活動。因為，這個杜拉所愛慕的女人曾怎樣對她呢？在杜拉對K先生提出控訴，她父親寫信給K先生要求解釋時，K先生回信提出抗議，他說，對杜拉，他的感情是最崇高的；接著他提出建議，要去她父親工廠所在地澄清誤會。過了幾個星期，她的父親與K先生在B城談話之後，便百分之百相信K先生的人格。

相反的，K先生開始重傷她，並根據他的邏輯知識推理指出，所有喜歡看那種書（與性有關），而且對那種事感興趣的女孩子，都不值得男人尊敬。這個時候，杜拉才知道，K女士不但背叛了她，還誹謗她。因為杜拉只和她一起看過Mantegazza（與性有關的書）、討論這類話題。K女士並不是真正愛她，而是為了愛她父親，這件事與那女教師所發生的事情一樣。

K女士為了不讓她自己和杜拉父親的關係受到干擾，毫不猶豫地出賣她。杜拉因為這個羞辱受到了傷害，這可能比她被父親犧牲的這個傷害——她企圖把前者掩飾起來——更有可能成為她精神病的病因。對於有關性知識來源，她有著奇怪的健忘症，症狀還十分嚴重，這顯然是誣控影響她情緒的突出體現，並且還能看出K女士背叛她的影響有多大。

所以，我猜想，杜拉對父親和K女士關係所產生的異常想法，不僅只是為了壓抑對K先生的愛——這是被意識到的，而且從更深一層的意義來說，也是為了隱藏她對K女士的愛——這是潛意識層裡的此想法，與後者所引起的心理活動產生直接的衝突。她不斷地對自己說，為了這女人，父親背叛了她，她大發脾氣，以表達她對K女士佔有她父親的不滿情緒。這樣做，她便成功地隱藏了相互衝突的事實，也就是，她對父親得到K女士的愛感到不滿，並且她無法原諒她所愛的女人背叛她，讓她們的美夢成泡影。在潛意識中，一個女人的嫉妒情緒與一種男性的嫉妒情緒，融合在一起。這些男性的，更恰當地說，女性的感情，應該是歇斯底里病症女孩子普遍的潛意識性生活。

·賽姬之浴

雷斯頓，1890年，畫布、油彩，189.2 × 62.2公
分，倫敦泰德畫廊。

賽姬帶水的身體走出浴池，她「女性可愛的白皮
膚」上彷彿還流淌著水珠，肉體曲線幾乎被表現
到了理想的程度。佛洛依德在《圖騰與禁忌》中
曾說：「人生的目的，是由享樂原則決定的。」雷
斯頓是唯美主義的代表畫家，1890年前後的新古
典主義繪畫和唯美主義繪畫，由於對完美的共同
關心而不知不覺合而為一了。

第三章
第一個夢

有一幢房子著火後，父親走到我床邊，叫醒了我。在我迅速穿衣服的時候，母親卻停了下來去搶救她的珠寶盒，父親說：「我不想讓自己和孩子們因為妳的珠寶而被燒死。」於是我們急急忙忙地跑下了樓，在我們逃到外面的時候，我就醒了。

樹林裡的遭遇和相同的四個夢

——那天下午，一如往常，我在寢室的沙發上睡覺。我猛然驚醒，接著就發現 K 先生站在我身邊……

　　杜拉童年時期的一些疑點，讓我疑惑不解，因此，我查閱了一遍過去的資料，卻沒有一點收穫。就在不知該怎麼辦時，杜拉對我說，幾天前晚上，她又做了一個與前幾次內容相同的夢。對這個週期性反復出現的夢，我產生了強烈的好奇心。因為對精神病的治療而言，有機地將夢和整個分析結合起來，可能是非常具有意義的，所以，對這個夢，我決定深入研究。

　　杜拉的夢是這樣的：

　　「有一幢房子著火後，[註1]父親走到我床旁邊，叫醒了我。在我迅速穿衣服時，母親卻停了下來去搶救她的珠寶盒，父親說：『我不想讓自己和孩子們因為妳的珠寶而被燒死。』於是我們急急忙忙地跑下了樓，在我們逃到外面的時候，我就醒了。」

註1　杜拉在回答我提問的時候，說她們家從沒有失火過。

·面部幻影和水果盤

達利，1938年，畫布、油彩，114.2 × 143.7公分，美國康乃狄克州哈特福市威茲沃爾斯博物館（Wadsworth Aeheneum in Hartford）收藏。

許多超現實主義畫家都認為，自己是佛洛依德著作的最好詮釋者。達利更勝一籌，因為他這幅「夢之畫」不僅表達了夢的現象，還解說了這些夢的原型：眼睛來源於罐子，頭顱來源於山脈等等——夢就是變化，就像杜拉夢見的「失火」就需要水，而水來源於尿床。

　　我問她，這個重複出現的夢第一次出現是在什麼時候，她說不記得了。不過，在Ｌ地（湖邊度假的地方，她和Ｋ先生曾在那裡有過一些不快樂的事情）的時候，她記得自己連續三個晚上做這個夢，而幾天前在維也納又做了同一個夢。[註2] 當我聽到她的夢和Ｌ地有關時，大大增加了我透析這個夢的希望。

　　但首先，我要找出的是，導致它最近又重現的原因。因此，我要求杜拉，詳細告訴我所有有關這個夢的內容和事情。從以前那些夢的解析裡，她已經對夢的解析有了些經驗。

註2　從夢的內容可以得出，事實上，這個夢第一次出現可能是在Ｌ地。

　　她說：「發生過一件事。但它與那個夢沒有關係，因為那件事情是最近發生的，而那個夢卻是以前就有的。」

　　我鼓勵她說：「沒有關係！講吧！最近發生的事最後總會與夢有聯繫的。」

　　「那好！前幾天，父親和母親一直在爭吵，起因於母親總是在晚上鎖起飯廳的門。而我哥哥的房間沒有其他入口，只能穿過飯廳的門才進得去。父親不想那樣鎖著哥哥，他說那是不行的，晚上有可能會發生什麼事情，再者，他有可能也要離開房間。」

　　「所以，妳因此想起了失火的危險？」

· 病中的姊姊

孟克，素描。

這一幅素描，比同題材的油畫更感傷、更病態，使你分不清少女是躺在床上還是站在風中。虛弱的幻覺，透露出類似少女被失火的怪夢所折磨的訊息，你幾乎能從捲曲的鬢髮線條上聞到她臉上盜汗的氣味。孟克直到1944年去世前，一直在鄉間作畫，絲毫不理會自己在埃里克等地的產業。他的畫，是北方斯堪的納維亞文化的氣質和象徵主義文學的結合，女性在他眼裡是疾病和憂鬱的象徵。

「對。」

「現在，我要仔細把妳說過的話推敲一下。這些話可能對我們有用。妳說『晚上有可能會發生什麼事情，再者，他有可能也要離開房間』。」

杜拉突然把最近做夢的誘因和最初那個夢的聯繫找到了，所以她接著說道：

「在我們（父親和我）去到 L 地的時候，父親直言說他擔心失火，我們是在雷雨中到達那個地方的，發現那小木屋並沒有裝避雷針。因此他的憂慮是能夠理解的。」

現在我必須做的，就是找出 L 地事件和重現的夢兩者之間的關係。於是我說：

「妳在 L 地的第一個晚上做過那個夢嗎？最後幾個晚上呢？也可以說，是在湖邊樹林裡那段遭遇之前還是之後呢？」（那一段遭遇在第一天並未發生，對此我必須說明，而且她在那事過後還留在 L 地幾天，但從不提起那件事。）

一開始，她回答說不知道，過了一段時間，她又說：

「我想，應該是在那一段遭遇以後的事。」

至此，我就瞭解到那個夢是因那段遭遇而導致的。不過，為何它會重現三次呢？於是我繼續問她：

「在那段遭遇之後，妳又在 L 地待了多久？」

「四天。我和父親是在第五天一起離開的。」

「那個夢，是對妳和 K 先生那段遭遇的直接反應，現在我能確信這點了。這是第一次那個夢出現在妳在 L 地的時候。妳之所以不確定，只是為了把心裡的那種聯想抹去。不過對這種

· 回顧的女性半身像

達利，1933-1970年，青銅雕塑。

像重複的夢境一樣，這個裸體的原型其實是達利夫人加拉的裸體。她頭頂一條麵包，上面插著仿製米勒油畫《晚禱》的小雕像，臉上爬滿螞蟻。達利說：「我要用麵包創造超現實主義物體」。達利和那個時代的其他藝術家不同，他和妻子的關係既是現代的，也是傳統的。

解釋，我仍不太滿意。妳如果在 L 地再多待四天，那個夢就會再重現四次，可能嗎？」

她避開我的問題，不再爭論。[註3] 她說：

「我們（K 先生和我）去湖邊郊遊，然後中午回來，那天下午，一如往常，我在寢室的沙發上睡覺。我猛然驚醒，接著就發現 K 先生站在我身邊……」

「這就和妳在夢裡看見父親站在妳床邊是一樣的？」

「是的，我緊張地問他想做什麼。他順口回答，他要到自己的房間去拿一些東西。我因這個經

註3　這是因為在回答我的問題前，有一段新鮮往事從她的記憶中冒了出來。

驗有了戒心，所以，我問K女士有沒有房門的鑰匙。當我第二天早上穿上衣服，想把門鎖起來在沙發上小睡一下的時候，卻發現鑰匙不見了。我敢肯定是K先生拿走了鑰匙。」

「所以，在這裡，產生了鎖房門或不鎖房門的衝突，這是那個夢引起的第一個聯想，也是最近重複出現夢的直接原因。我在想，『我迅速把衣服穿上』這句話，是否與這有關？」

「那時，我下決心，不在父親離開的時候和K先生在一起。接下來的幾個早晨裡，我變得很害怕，擔心在我穿衣服的時候，K先生會站出來嚇我。所以我『總是馬上把衣服穿上』。父親住在旅館裡，而K女士總是一大早就趕去和他幽會，這你是知道的。但是，K先生卻也沒有再騷擾過我。」

「我能理解，經過樹林裡那次事件以後，妳在第二天下午想要躲開他的騷擾，所以在第二、三、四天晚上，妳就在睡眠時讓那種『躲避』反復。在第二天下午妳做夢之前，就已經知道妳沒有那把能夠在第二天——即第三天早晨當妳穿衣服時——把門鎖起來的鑰匙。因此，妳只能迅速穿上衣服。妳的夢之所以每天晚上都重複出現，是因為妳想躲避。在實現以前，「躲避活動」就一直存在著。妳彷彿在對自己說：『我將不會安寧，也不能安睡，在我離開這房子以前。』可妳在做夢的時候，卻是這樣說的：『我一到外面就醒了。』」

為了把這段夢的解析，與我對夢的形成機制所作的概論做一比較，我在這個地方將打斷我的分析。我曾在《夢的解析》裡指出，一個願望已被實現的時候，就會出現第一個夢，那個願望如果被壓抑變成了潛意識，那麼，這個願望將經過一番偽裝後才會出現夢，只有潛意識的願望或伸入潛意識的願望，才

· 舞蹈

保拉·瑞戈，1988年，丙烯·
紙面·布面，213.4 × 274.3
公分，倫敦泰德畫廊。

有一種世界末日的死亡色
調，幻境中的形象與現實
世界的「貌似神離」令人恐
怖。跳舞的人好像沈浸在愉
快的舞蹈中，但他們詭異的
眼神似乎藏著不可告人的
秘密。在佛洛依德看來，杜
拉的夢境也呈現了相同的形
態，隱藏著她不願告人的秘
密。

是形成夢的決定性因素，小孩子的夢除外。我堅持這
樣的理論，每個夢都是有意義的，並能藉著某種解析
過程去發現它。夢在解析完成的時候，將是做夢者醒
來時精神生活中存在的想法，這樣的話，我覺得我的
理論應該更容易被接受。我那時如果繼續說，與清醒
時的思想過程一樣，夢的意義有許多種。在某些情況
下，它是可以實現的願望，而在其他情況下，它是潛
意識的形象化，或者是在睡眠時進行的反省，或者是
一種逃避（如杜拉的夢），或者是一個在睡眠裡進行
的創造性構思等等。這樣的理論，會因它非常簡單而
吸引許多人，而且，許多被完滿解釋的夢都支持這一
理論，就像上面所分析的這個夢。

珠寶盒的意義

——「你可能還不知道,『珠寶盒』也是前不久你用小手提包來打比方的東西的另一種暗示——女性的私密部分。」

在我建立的另一套理論裡,我認為夢只不過是願望的表達,即夢的意義只限於一種形式。我簡單化的理論因此而受到了全球性的批評。在此我必須申明一點,我沒有權利和義務簡化一個心理學上的過程,以便使它更容易被讀者所接受。我認為,必須使研究登上一個新臺階,找出複雜內容的規律,才能把複雜的內容簡單化。我的研究也可證明這一點。所以,從表面上看是意外的事情,事實上是與我以上所闡述的理論相符的,對我來說這非常重要。比如說杜拉做的夢,事實上,只是睡眠裡把白天所形成躲避K先生的願望和方式延續開來。

但是,在許多地方那個夢都有待解析,所以我接著問:

「妳的母親想要搶救珠寶盒這件事,妳是怎麼看的?」

「父親給了母親很多珠寶,因為她很喜愛珠寶。」

「那麼妳呢?」

「我有段時間也非常喜歡珠寶,但從我生病之後,就不戴了。那是四年前的事(在那個夢的前一年),父母親曾因為一件珠寶而爆發劇烈的爭執。母親想要一件貴重的珍珠耳墜,可是父親並不喜歡那件珠寶,所以給母親買了一條項鍊。母親非常生氣地說,花大錢買一樣她不喜歡的東西,還不如送給別人。」

「我可以肯定妳是非常樂意接受它的。」

「我不清楚。[註4] 我真的不知道那個夢裡怎麼出現母親；那時，她並沒有和我們一起待在Ｌ地。」[註5]

「等一下我會解釋給妳聽。關於珠寶盒，妳真的沒有其他的聯想嗎？到目前為止，妳只談到珠寶，並沒有提到有關盒子的事情。」

「對，不久之前，Ｋ先生曾送我一個昂貴的珠寶盒。」

「這是一個很適當的禮物。妳可能還不知道，『珠寶盒』也是前不久妳用小手提包來打比方的東西的另一種暗示——女性的私密部分。」

「我就知道你會這樣說的。」

「也就是說，妳自己是十分明白的——那個夢所代表的意義現在就更明確了。妳自己曾說：『這男人想要害我，他想要強入我的寢室。我的『珠寶盒』有危險了，要是發生了什麼問題，那都是父親的錯。』因此，在夢中，妳選擇了一種表現與現實相反意思的情景——在非常危險的情況下，父親把妳解救了出來。在這部分夢裡，所有東西卻恰恰相反。妳立刻就可以知道原因，就像妳提到過的，妳以前競爭父愛的對手就是妳的母親。妳在項鏈那件事裡，其實是非常願意把妳母親拒絕的東西接收過來的。我們現在用『給予』去替代『接受』這個詞，用『保有』去替代『排拒』這個詞。這樣的話，它的意思就

註4　這是一種她把被潛抑念頭表現出來的方式。

註5　這句話體現了一個對夢的解析原理完全的誤解，儘管在其他情況下，對那原理杜拉是非常熟悉的。但這個事實，與她對珠寶聯想的貪乏與遲疑態度相加，讓我明白，這裡正在處理的資料，把強烈潛抑表現了出來。

‧烏爾比諾的維納斯

提香，1538年，畫布、油彩，
120 × 165公分，佛羅倫斯
烏菲茲美術館。

佛洛依德認為，珠寶盒通常
象徵著一個完美的女性生殖
器，而杜拉就像提香畫背景
中的少女一樣，一邊希望被
人窺視到內心的煩亂，一邊
不停地翻動珠寶盒夢魘，在
家庭的監視下使自慰意象得
到滿足。提香是文藝復興時
期最長壽、最幸福的一個巨
匠，他對技巧的革命一直影
響到魯本斯。畫中微笑而寧
靜的愛神則像杜拉在現實中
的假像。

成了妳打算給予父親的東西，正是你母親不願意給
他的東西，而那個東西與珠寶有關係。現在，讓我
們再來看看Ｋ先生送妳的珠寶盒。自此開始，妳有
了一種找平行的想法，也就是Ｋ先生代替了妳的父
親，而且他也是一個站在妳床邊的人。他送妳珠寶
盒，所以妳也該把妳的珠寶盒給他。這就是我剛剛
所說的『禮物』的原因。在這種想法之下，妳的母
親一定被Ｋ女士取代。她當時在場，這一點妳不會
否認吧！因此，妳打算送給Ｋ先生的東西，是他太
太不願給他的東西。這就是那個被強烈地壓抑著的
想法，並且這讓它所有的因素都變成了與之相對立
的東西。這個夢再一次證實了我在妳做夢以前所對
妳說的，妳在召喚妳以前對父親的愛，以便保護妳
自己不會去愛Ｋ先生的理論。不過，這些所有努力

說明了些什麼？妳不僅對Ｋ先生感到害怕，妳更害怕妳自己，怕妳最終會在他的誘惑下屈服。總之，妳是非常愛他的，這些努力足以說明這一點。」

（註6）對於我這部分的解析，杜拉自然不會贊同。不過，我自己則不得不進行更深入的分析，我希望在下一次治療的時候，杜拉可以配合我的工作，把夢的理論不可或缺的步驟完成，讓這個典型的病例不會中途流產。

對她那模稜兩可的話所隱藏的暗示，我不能忽視，即「她有需要離開房間的可能，晚上可能會發生什麼意外」。除了這一點之外，對我來說，這夢的解釋還是不完滿，因為還沒有滿足一項特殊的要求。這個要求有可能是不必要的，但我卻希望能找出一個滿足它的合理解釋。

註6　我接著說：「而且，這個夢前幾天又重現，讓我相信妳對相同的處境又再度發生持認同態度，所以，妳決心停止這個治療——畢竟這是妳父親要妳來的。」結果證明我的猜測非常準確。再者，我的解析暫時接觸到一個具有極高度臨床和理論重要性的題目，即「移轉關係」的問題，但這一論文裡，我沒有太多機會去討論這個題目。一般情況下，一個夢都有「兩隻腳」，一隻與主要的且此刻正進行中的激動因素接觸；另一隻則是與孩提時代的一些重大事故接觸。夢與兩種因素聯繫著——孩提時代的事故與目前的事故，盡可能地想在遙遠的過去模型上建立現在。因為創造夢的願望從孩提時代就存在，而且它不停想要把孩提時代喚回現實世界裡，並用孩提時代的方法去矯正現在。我相信，我已能清楚發現杜拉夢的元素，這些元素拼湊出她孩提時代的一個故事。

· 鏡前之女

德爾沃，1936年，畫布、油彩，71 × 91.5公分，瑞士，席森-波尼密札基金會。

尿床是每個人的童年記憶，也好像是德爾沃女性面對的明鏡，佛洛依德帶領杜拉穿越性的恐懼之門，彷彿蘇俄作家納博科夫帶著羅麗塔穿越小説情節，也彷彿曹雪芹帶領晴雯穿越亂淫的賈府。古羅馬中世紀神學家聖奧古斯丁甚至極端地認為，人類的誕生都是不潔的，他説：「我們出生在屎尿之間。」傳統的西方倫理，讓杜拉那一代婦女感到嚴重的精神壓抑。

‧復活

安塞勒‧基佛，1973年，畫布、油彩，阿姆斯特丹，桑德爾收藏。

天空有暴風雨來臨前的氣息，似乎是閃電之光照亮詭異的樹林，一條斑斕的花蛇正艱難地穿過密林叢生的小徑，向遠處一扇立於臺階上的小門爬去。那裡既象徵教堂中一扇通往天堂的門，也象徵女性身體的幽密之門。天堂和女性的身體合而為一，這是對現代信仰的終極詮釋。

潘和賽姬

伯恩‧瓊斯，1872-1874年，畫布、油彩，65.1 × 54.3公分，哈佛大學佛格博物館。

瓊斯說，他在這幅畫中創造了一個「除了慾望，無人能辨識的地方」。佛洛依德的心理解析世界也是一個這樣的地方，所有的動機都源於根本的性的慾望，除了性本能，別無他物。

夢中的「火」與「水」

──「人們不只是因為怕失火，而被警告不要『玩火』，這是一種有著特殊意義的暗示或雙關。」

現在我確信，我已經十分清楚杜拉夢的要素了，我可以把杜拉童年時代的生活圖景複製出來，只要對這些要素進行適當的拼湊。

我先從一個小實驗開始對這個問題展開討論。那個時候，剛好有一個大火柴盒在桌上。我叫杜拉搜尋一下桌上有什麼特別的東西──一般情況下不會放在桌上的東西。她沒發現什麼。因此，我問：

「小孩子為什麼被禁止玩火柴，妳知道嗎？」

「知道，是因為擔心著火。我叔父的小孩非常愛玩火柴。」

「人們不只是因為怕失火，而被警告不要『玩火』，這是一種有著特殊意義的暗示或雙關。」

她不明白。

「非常好，玩火會造成的嚴重後果就是，他們如果玩火，床就會因此而弄濕。他們所擔憂的根本原因其實是『火』和『水』這一對相對的概念。有可能他們理解會做有關火的夢，然後用水去滅，我無法確定。但我注意到一點，水和火的對稱在夢中極為有用。妳的母親想把那珠寶盒搶救回來，以免它被『燒掉』。然而在夢裡的時候，這就變成了『珠寶盒』被『弄濕』與否的問題。不過，火不僅僅只是水的反義詞，它也是愛

情的直接象徵，就和成語『慾火中燒』一樣。因此，在『火』所象徵性的意義裡，有一部分代表著向愛跑去的念頭；而另一部分，則由相反方向的『水』送到另一條有關於『愛情』的支線上，（因為愛情在弄濕物品後，向一個不同的方向跑去了。不過，哪一個方向屬於哪個夢的？好好把妳用的語句想一想：『晚上也許會發生意外，他也許需要離開房間』。顯然這代表著身體上的某種緊急狀況。再者，妳如果想像是在孩提時代發生這樁意外，那麼尿床除外，還會是其他什麼呢？可是，一般預防小孩尿床的方法是什麼呢？通常是在晚上把他們叫醒，就像『在夢裡，妳的父親把妳叫醒』一樣？所以，這肯定是現實發生的事情，只是妳讓父親替代了Ｋ先生，因為事實上Ｋ先生讓妳從夢裡醒來。所以，我可以得出下列結論，與別的小孩比起來，妳小時候尿床的習慣要戒除得晚一些。妳的哥哥也肯定是這樣的；因為妳父親曾這樣說，『我不想讓我的孩子們毀滅……』妳哥哥與在Ｋ先生家發生的事沒有任何聯繫，因為他並沒有和妳一起去Ｌ地。那麼，對此妳的回憶現在有什麼要說的？」

她回答，「對自己以前這方面的情況，我一點都不清楚，不過我哥哥的確經常尿床，有時候白天也會發生，這種情況一直到他 6、7 歲才沒有再發生。」

她接著繼續回憶說：

「對的，有一段時間，我也常常尿床，但那是在 7 歲或 8 歲以後。而且，這種現象非常嚴重，因為我清楚記得父母曾經請醫生來給我看過病。尿床現象一直到我的神經性氣喘發作以前不久才停止。」

· 康乃馨、百合、百合、
玫瑰

約翰·辛格·薩金特，1885-
1886年，畫布、油彩， 174
× 153公分，倫敦泰德畫
廊。

這是一幅十分吸引人的畫
面，異常優美，有一種令人
感動的溫馨。兩個天使般的
白衣女孩正在全神貫注地點
燃燈籠。百合花襯托出女孩
的純潔與天真。佛洛依德在
對杜拉的夢進行解析時，認
為「玩火」和「火」這兩個辭
彙中都有與性相關的隱喻。

「醫生怎麼說呢？」

「他說，是因為神經衰弱，他覺得不久以後就
會康復，於是開了一種治療神經衰弱的特效藥給
我。」[註7]

註7　由於在這場病中，他並未揭穿她的秘密，所以他是她唯一信任的醫生。
　　她對所有對自己無法信任的醫師感到害怕，而現在我們清楚地知道，她
　　害怕是因為擔心醫師知道她的秘密。

夢醒以後的煙草味道

少女渴望吻，如果這是真的話，那麼，這個夢的補充便剛好把她對吻的渴望表示了出來，因為接吻的對象如果是一個抽煙的男人的話，肯定會聞到煙味。

現在，對我來說，這個夢的解析工作好像已經結束了。但是，第二天，杜拉又帶給我有關這個夢的一些補充資料。她忘了跟我說，每次醒來的時候，她都會聞到煙味。當然，煙肯定與火有關，但它意味著這個夢跟我有些特殊的關係。

因為在整個治療過程中，每每在她斷言，在這個或那個現象背後，並沒有什麼隱喻的時候，我通常的回答是：

「沒火哪有煙！」

對於這種純粹個人的看法，杜拉並不同意，她說，她的父親和Ｋ先生都是特別愛吸煙的人！我也一樣。在湖邊度假的那段時間，她自己也抽，而在對她作性的引誘之前，Ｋ先生也曾給她捲過一支煙。她記得非常清楚，在Ｌ地，重複三次做夢時，都聞到煙味，因此最近重現夢時，所聞到的煙味就能稱作是第一次了。

由於她不願意給我更進一步的資料，我只好把這個補充資料拿來分析了，怎樣把煙味和夢的念頭聯在一起呢？在做夢之後才會出現煙味這一聯想的，所以，它必須先克服導致潛抑作用的一種特殊力量才行。有可能它與夢裡最曖昧也最成功地受潛抑的想法有關係，換言之，就是和屈服於那男人的誘惑的想法有關係。

· 燭光前的抹大拉

拉突爾，17世紀，畫布、油彩。

法國畫家拉突爾的光與影被埋沒了近300年，1915年才被德國人重新發現。拉突爾主要受到卡拉瓦喬的影響，但比後者更直接地喜歡運用對比：譬如畫中少女與骷髏這種截然相反的事物：昏暗的火光同時照耀著女性的柔嫩和骷髏的陰森，「肉體」正在思考著「死亡」。

·聖安東尼的誘惑

達利，1946年，畫布、油彩，90 × 120公分，布魯塞爾皇家美術館。

巨馬、大象以及樹枝般的腿，意味著人面對壓力時的脆弱。杜拉咳嗽的真正原因，其實也是她抵制K先生沉重的親吻以及煙味和生殖器壓力時的脆弱。聖安東尼是古代基督教隱修院的創始人，抵制過魔鬼的誘惑。達利將其表現為噩夢中抵制色情的苦行僧。

如果這是真的話，那麼，這個夢的補充便剛好表示出她對吻的渴望，因為接吻的對象如果是一個抽煙的男人的話，肯定會聞到煙味。但是，K先生和杜拉兩年前就已經接過吻了，並且她如果給他機會的話，肯定不只一次。因此，誘惑的想法，好像又與早期的情景扯在了一起，並且接吻的意念又開始活躍了，為了不受這種感覺的引誘，這個從小「吮大拇指」的女孩，便用厭惡感來保護自己。

分析所得到的結果是，由跡象表明，因為我也是個煙槍，移轉作用發揮到我的頭上，我得到這樣一個結論，在某一天治療的過程中，她可能曾產生過想吻我的想法。這也是讓她重現這個夢，並下決

・劫持

塞尚，約1867年，畫布、油彩，90 × 117公分。

畫面表現的暴戾和速度美，幾乎令人不敢相信是出自同一隻畫蘋果的手，飛速後退的筆觸像是特技製作的攝影作品，將暴力的空氣帶出畫面之外。你彷彿能聞到杜拉被Ｋ先生「強行」親吻後感到的刺鼻煙味。晚年那個被街頭小兒扔石塊也不再有任何脾氣，整天只知道畫靜物的保羅・塞尚，在其早年的作品中是相當有激情的。

心中止治療的原因，所有跡象都顯示這種看法的正確性。但是，其效用無法加以確定性的證明，因為「移轉關係」的特性有限。

這個時候，我有兩種選擇：我是不是應該把這個夢對本病例史的某種啟示先考慮清楚呢，或者先回答她對我夢的解析的理論的反對意見。我選擇前者。

玩弄小荷包和尿床背後：少女最深的隱私

杜拉的小荷包，僅僅只是一個女性隱私處的象徵。她把玩它，打開它，接著把手指放到裡面去，這簡直就是一種她非常喜歡、不知羞的自慰的戲劇性表現。

　　早年時期精神病患者（neurotics）尿床的意義，值得細細地研究。為了清楚一點，這裡我將只介紹杜拉病例中尿床的不尋常之處。這種失常，並不僅僅是這一習慣持續到正常時期以後，因為，據她清楚的回憶，尿床現象起初先消失了，接著再出現在一個較晚的時期——6歲過後。就我所瞭解，像這種尿床，與其他手淫習慣——在尿床的病源學中，其重要性還未得到太大的重視——比起來，是更有可能的原因。根據我的經驗，有時候，有尿床習慣的小孩子自己對這種聯繫非常清楚，而他們所有心理問題都是由此產生的，就如同他們一直把這種聯繫記著一樣。

　　杜拉正在講述這個夢的時候，我詢問她，在孩提時代，她是否曾經有過手淫的行為。在此不久前她曾問說，病倒的那個為什麼偏偏會是她，而在我還沒有回答時候，她又把責任推給了她的父親。

　　這個理由並非來自她的潛意識，而由她意識上的知識帶來的。這女孩知道她父親的病的性質，這讓我感到很吃驚。從大人的談話裡，她曾聽到過這種病的名稱。在更早之前，她父親罹患視網膜剝離症時，主治眼科醫師肯定曾暗示過那是由梅毒所引起的，而這好奇且憂愁的女孩曾經從她一個老姑母對她母

· 在一張古畫上的重新
處理

達利。

古代的鏡子中伸出一個惡魔
的臉。這其實不是惡魔，而
是變態的自己。人最害怕的
是審視自己，剖析心靈。杜
拉在佛洛依德為她製作的
靈魂之鏡中，看到了自己精
神病的根源：手淫。她自己
也很恐懼。那裡有過去的自
我、反道德的自我、異化的
自我，以及性的自我──究竟
自我是什麼，只有心理學才
會交出答案。

親說的話裡得知：「他是在結婚以前得病的，妳知
道嗎。」並且還說了一些她不瞭解的事情，後來，
這些便在她的心中和不當的東西聯繫在一起了。

　　因生活作風浪漫，她的父親生了病，而她覺得
自己遺傳到他的病。我小心地對她說，就像之前說
的那樣，我認為，梅毒患者的後代很容易罹患嚴重
的神經性精神病（neuropsychoses）。

　　她的潛意識裡，存在著她歸罪於父親的想法。

·維納斯的勝利寓意畫

布隆及諾，1540-1550年，畫布、油彩，146 × 116公分，倫敦國家美術館。

這幅冰冷的 16 世紀名畫，過去一直被認為是亂倫和性變態的象徵。皮膚雪白的維納斯矜持地扭曲肢體，迎接丘比特的吻，充分顯示了她既是美神又是淫亂之神的情欲特徵。布隆及諾是義大利風格主義宗師彭托莫的學生。1986年，有位歐洲醫生提出一種很有說服力的闡釋，說本畫左邊那個黑暗痛苦的形象，是當時關於梅毒治療的臨床反應圖解。這讓人聯想到杜拉第一次聽說父親患過梅毒時的情景。

就是因為這種作用，後來，她曾有幾天模仿她母親生病時的輕微症狀與特異舉動，接著做出一些讓人無法辦法接受的行為。後來她承認，她正想起曾與母親一起去過一個叫弗蘭正貝德（Franzensbad）的地方（她們是在哪一年去的，我忘記了），那時，她的母親受著腹痛和白帶所帶來的痛苦，需要在弗蘭正貝德進行治療。

杜拉覺得（她的想法也許是對的），她父親是這個病的源頭，他的性病傳給了母親。很顯然的，她還搞不明白感染是什麼，遺傳是什麼。與大多數外行人一樣，她在得出這種結論時，肯定把淋病和梅毒搞混了。她老是把自己和她母親的病混在一起的行為，讓我差點就要問她是不是也患了性病。後來，我才知道她患的是白帶，但是什麼時候開始的，她已經記不得了。

由此我明白了一件事，在她歸咎於父親想法的背後，隱藏的是自責的念頭。我對她說，年輕女子之所以產生白帶，主要與手淫有關，而且我還覺得與手淫相比，所有其他引起白帶的原因都是次要的。[註8]

我還說，如果她坦言自己以前有手淫的習慣，她就能知道為何偏偏是她而不是別人患病了。不過，對於這種說法，杜拉率直地否認了。

註8　（1932年註）我現在對這種看法已經不再堅持了。

但是，幾天以後，她做了一些事情，讓我不得不認為她潛意識想表示懺悔。那天，她把一件從未在其他場合戴過，剛剛流行的新式小荷包戴在了腰上。當她躺在沙發上聊天的時候，她一直玩弄著它。她把它打開，然後把一個手指放進去，接著又關起，這樣重複著。我在旁邊看了很久，接著給她解釋「象徵性動作」的意義。

象徵性動作，是我對人們不由自主的、潛意識的、不經大腦或漫不經心的動作的一種歸納性指稱。人們完全否認這些動作的任何意義，而且在被追問的時候，他們會解釋說，那只是無聊的、無意義的動作。但是，仔細觀察後將可得到證明，實際上，這些動作是衝動的表現或潛意識的念頭，所以最具價值、最富有意識，它們是潛意識上升到表面的具體體現。

對這些象徵性的動作，意識可能有兩種態度。我們在能為自己所做的象徵性動作找到明顯動機的情況下，就會承認它們的存在。但相反的，在找不到理由來讓意識有所瞭解的情況下，我們就會完全無視它們的存在。

杜拉想找到一個理由是非常容易的：

「我為什麼不可以把這樣的小荷包帶在身上呢？最近很流行啊？」

但是，這種理由絕對無法替代那些深具潛意識動機的可能性。雖然從另一個角度來說，這種動機

・室內

巴爾蒂斯，1952-1954年，畫布、油彩，270 × 330公分。

一個少女在陰暗的窗前自慰，而一個小孩突然拉開了窗簾，使她的高潮和愛驚被混淆在一起了。佛洛依德等性醫學家認為，手淫者常常會患胃疼。陰暗與壓抑是人體渴望興奮的原因。杜拉自己就患胃疼，並由此相信她的堂妹也有手淫習慣。巴爾蒂斯這幅畫畫了 3 年，是關於手淫題材的後期表現主義名作。

是否存在，以及她帶小荷包這一動作所具有的象徵意義，我們沒有辦法確切地加以證明；但我們應坦誠且滿意，這個意義就整體而言，非常符合那個情況，而且也與潛意識作用的時機相符合。

在其他場合，我將出版這些正常人與心理症患者的象徵性動作的資料。有些現象解釋起來是非常容易的，杜拉的小荷包僅僅只是一個女性隱私處的象徵。

她把玩它，打開它，接著把手指放到裡面去，這簡直就是一種她非常喜歡的、不知羞的自慰的戲劇性表現。不久以前，曾經發生過非常有意思的類似情形。一位不算年輕的女士，在分析治療的過程中，把一個小象牙盒子取了出來，裝作想吃塊糖的樣子。她費勁地想把它打開。接著，為了向我證明盒子是多麼難開，她把它交給了我。那盒子肯定有什麼特殊意義，我猜想，因為雖然它的主人來我這裡看病已經一年多了，但我卻是頭一次見到它。女士說：

「無論到哪裡，我都會隨身攜帶這個盒子。」

我笑著對她說，她的話非常符合另一種意思，她這個時候才冷靜下來。

那盒子跟小荷包或珠寶盒一樣，只不過是女性隱私處的象徵罷了。在人的生活裡，有許許多多這類的象徵，只不過往往被我們忽略了。當我決定不以催眠術的強迫性力量，而是以觀察他們的言行表現，從事發掘人類在這些象徵裡所埋藏的東西時，我覺得這工作真的非常困難。只要是有眼有耳的人都知道，沒有人可以藏得住秘密。在人的嘴巴不說話的時候，他的手指就會不停地動。其實，他所做的任何一個動作，都可能洩

·夢遊者

艾瑞克·費謝爾，1979年，畫布、油彩。

美國畫家艾瑞克·費謝爾的作品，十分強烈地滲透著對性的著迷，有些評論認為，從他的作品中「可以感到作品的人物是現代神話中的人物，他們的性欲代表了現代社會氣候下滋生的一群患神經官能症的人的內在心理」。

漏他心中的秘密。因此，這種致力於把心靈深處最隱秘之處讓意識瞭解的工作，是有可能成功的。

杜拉把玩小荷包這個象徵性的動作，並非接著那個夢發生的。在她開始講述那個夢的時候，就已經有另一個象徵性動作存在了。在我踏入她候診的房間那一刻，她立即藏起了正在閱讀的信。我很自然地問她是誰寫來的信，一開始，她不說，後來我才知道，那是一件完全無關於治療的東西。信是她祖母寫的，信裡希望她多寫信。我肯定杜拉是想和我玩「秘密遊戲」，她的這個舉動暗示著，她的潛

意識深處非常擔心把秘密洩露給醫生知道。

這個時候，我認為這種行為表示出，她對所有陌生醫師的強烈反感，她擔心醫生會把她的病根探聽出來，檢查她，接著發現她有白帶，再追問她，得知她曾尿床的事情。總而言之，就是擔心醫生會猜想她是個手淫者。起初，顯然她太看輕醫師的精明了，在我對她的秘密有所瞭解後，她便開始輕蔑地講醫師的壞話。

顯而易見的，把她生病的原因怪罪到父親的頭上，加上一些自責、白帶、擺弄小荷包、6 歲之後尿床，以及她不想讓醫師把自己的秘密揭穿，這些把她小時候有手淫習慣的事情表現得非常清楚了。其實，在這個病例裡，早在她對我說她堂妹的胃痛，埋怨她，自己有這種胃痛之前，我就疑心她有手淫的習慣。

讓大家最為熟悉的是，手淫的人常常會胃痛。據弗里斯（W. Fliess）給我的私人意見說，這種胃痛的確有可能因古柯鹼（cocaine）敷於鼻子上的「胃點」而出現，而且能夠在燒灼該點後康復。杜拉曾告訴我兩件可以證明我的懷疑的事情：一是她自己常因胃痛而痛苦，二是她堂妹是個手淫者，這一點她有足夠的理由。

生病的人雖然常因自身情緒抗拒的影響，而無法察覺到自己的病，但是，要看出別人身上的病卻是很平常的。之後，儘管杜拉依然一點也回想不起來，但是她不再否認我的推測。對我來說，即便她說自己的尿床時期一直持續到「神經性氣喘發作前不久」，仍然在臨床上具有意義。在孩子手淫時，歇斯底里症狀並不容易出現，它必須經過一段禁戒時期後或許才會出現；[註9]這個時候，手淫的替代品就是歇斯底里，在潛意識

裡手淫的欲望仍持續著，直到出現另一種相對較正常的滿足方式。因為歇斯底里是否可通過結婚或正常的性關係來治癒，取決於能否得到滿足。如果結婚、陽萎、心理上的隔離感，以及其他原因仍不能帶來滿足，那麼，「里比多」（Libido，性本能）又將流回它最初的河道，同一時間裡，歇斯底里症狀就會再度出現。

註9　這個原則對成人來說也是適用的。只是，在他們的情況裡，手淫次數慢慢地減少，而沒有必要絕對地禁止，這是歇斯底里發生的充分條件。所以，歇斯底里和手淫在性欲非常強烈的情況下，可能同時存在。

另一性的證據：神經性氣喘或呼吸困難

同時，她還記起那天晚上，他父親與母親做了很久的愛，她非常擔心那對他的身體有害。再者，她也想起，她會不會因為自慰而太過勞累的問題，因為與其他性滿足方式一樣，自慰在達到一種性高潮的時候，也存在一定的呼吸困難，呼吸困難到最後會加劇，就成了一種症狀。

本來，在這裡我準備詳細解釋，杜拉是在何時、在何種特殊的影響力之下戒掉手淫習慣，但我對她的分析工作並不完整，因此我只能提出一些零散的資料。

她尿床的習慣，一直持續到她開始患呼吸困難的病前不久，這一點我們已經知道了。她只記得，她父親在健康好轉首次離家外出的時候，就是她病發的時間，呼吸困難病因的線索正是隱含在這隱微的記憶裡。杜拉的象徵性動作的其他症狀讓我相信，杜拉的寢室既然緊臨著雙親的臥室，由於她父親肺部不太健康，那麼，晚上她肯定能聽到父母在房裡做愛時所發出的急促呼吸聲。這樣的話，小孩們便會想像他們所聽到的神秘聲音背後的性行為。

是的，因人的性衝動的表現能力是天生就有的，所以小孩子很容易推想到這種事情。幾年前，我就得出了歇斯底里和焦慮心理症患者的呼吸困難與心悸，都僅僅只是性交行為的插曲這樣的結論。從很多病例裡（如杜拉的），我已經能由呼吸困難或神經性氣喘的症狀，漸漸分析到同一個原因上，即雙親的性交過程曾被病人偷聽過。這樣的情況給杜拉激起的衝動，完全有可能讓她在性的欲望方面，從手淫轉為一種不正常的焦慮。

當父親不在家，而她又渴望心愛的父親能回來時，肯定就會藉由氣喘復發的方式，再次體會那種性行為的感覺。第一次症狀發作時的相關事件，她都還記憶猶新，由此，我們就可以猜測出，她帶著焦慮並伴隨發作而來的一系列想法的性質。

在一次勞累的爬山旅行之後，她的病症發作了，那時候，她真的是有些氣喘，這讓人想起她的父親，因為他患了氣喘病，所以不可以爬山，也不可以做劇烈運動；同時，她還記起那天晚上，她的父親與母親做了很久的愛，她非常擔心那對他的身體有害；再者，她也想起，她會不會因為自慰而太過勞累的問題，因為與其他性滿足方式一樣，自慰在達到一種性高潮的時候，也存在一定的呼吸困難，呼吸困難到最後會加劇，就成了一種症狀。

通過分析，我可以直接找出部分資料，但是，其餘部分就需要補充了。再者，我們藉著證實杜拉手淫的方式作以下聲明：與單一題目有關的，都是一些在各種不同時期與不同的關鍵之處中收集起來的零碎資料。（註10）但在不久之後，那被潛

註10　在其他病例裡，要想找到孩童時期有無手淫，也可以用這種方法。證據的表現手法也是差不多的：女孩有白帶、尿床、洗手的習慣（強迫性潔癖）等類似的情況。一般情況下，我們從症狀的特性可以看出，小孩子的家長有沒有發現他們的習慣，或者那種性的活動是不是已經因為小孩子長期的努力禁止或由於突然變數而終止。在杜拉這一事例裡，手淫從未被發覺，而是由於一個意外的打擊而終止（由她的保密舉動、害怕看醫生、呼吸困難可以看出）。對於此類證據，病人總是不承認，甚至就算她們也感覺到了，曾經有過白帶或記起了母親的告誡（比如說，「那是非常愚蠢的，那是非常危險的」）。

·吻

羅丹，1886年，雕塑。

這是羅丹表現性愛較為大
膽的作品之一。羅丹把它放
置在大型群雕作品《地獄之
門》的地獄入口處。這座將
女性與地獄聯繫在一起的
雕塑，難道想要表現，性就
是地獄？在佛洛依德的分析
中，杜拉的神經性氣喘是因
為聽見過雙親的床第生活。
所謂性的地獄：就是被扭曲
的性本能。

抑好久有關孩童時期性活動的回憶又會浮現出來，
所有病例都不例外。

我記得有這樣一個病人，她患有強迫性行為
症，她的強迫行為是直接由孩童時期的手淫轉化而
來的。她怪異的地方，如自我禁制、自我懲罰、覺
得如果做了這個就不能再做那個的感覺、不准被人

・戒除手淫的食品

海報，美國。

手淫在西方曾一度被視為十分有害的行為，玉米片就是這時期的產物，玉米平淡無味，能使身體熱量低於危險水準，能夠很好地控制男性手淫。如今，玉米片成為了利潤豐厚的大產業，這個玉米片的廣告海報美女，和「誰會成為那個幸運的男人」一同出現，顯然，發明玉米片的初衷已經全然地被改變了。

打岔的想法、洗手的習慣以及用手做事的時候、兩個步驟之間的躊躇等等，這些零碎事情，都是她的保姆試圖把她的手淫習慣戒除的證明。在她記憶中，唯一永久保留的東西，就是這個警句：「哦！那樣非常危險！」

　　現在，與歇斯底里病源有關最重要的一系列問

題出現了：在病源論上，杜拉的病例是不是典型的代表呢？是否僅是某一種類型的代表呢？但是，等到其他病例也經分析發表後，再對這一系列問題進行回答才是對的，對此我十分確信。再來，考察這些問題的形成過程，並暫時保留回答本病例的病源是否應回溯到孩童時期的手淫，是我目前的首要大事，我想先把應用到心理症部分的病源論觀念抬出來討論一下。

這樣的話，就可以證明以上我所提到的問題與解答，但是，從出發點來講，它與直接回答這個問題是完全不一致的。不過，我們只要能證實這一點就夠了——孩童時期手淫在本病例裡確實發生過，並且它不是偶然發生的，也不是與病情毫無關聯。（註11）

註11　杜拉手淫習慣的養成，肯定與她的哥哥有一定的關係，因為在談到這一點的時候，她用了一種強調的「遮隱性記憶」語氣講，她的哥哥老是將一些傳染病傳給她，而且她的病總會比他的嚴重。在夢裡，她的哥哥和她從「毀滅」裡被拯救了出來。他也有尿床的習慣，但在她之前改掉了。她坦言，在她生病之前，自己總是可以跟得上她哥哥的步伐，但從那以後，在功課上，她就再也趕不上他了。在某種意義上，這種說法也是一種遮隱性記憶（screen memory）。這就如同是在說，她像一個男孩子，直到那個時候，她才第一次有女孩子氣。實際上她的個性非常野。但是，在「氣喘症」以後，她就變得聽話了。那場病把她的性生活分成了兩個時期，一個時期是男性的，而另一個時期是女性的。

「因他罪惡式的愛情，我受到了疾病的懲罰」

她在被擁抱的那一刻，清楚地體會到了男人身體所帶給她的壓力。所有的男人都是輕薄且靠不住的，對杜拉而言，這肯定代表著所有的男人都是和她父親一樣的。

杜拉坦言自己有白帶，我們通過這件事將更加瞭解她的病症。為了一個類似的毛病，她和母親一起到弗蘭正貝德（Franzensbad）去看醫生，在那裡，她學會了稱那種感染病為「卡他」（catarrh，意指病菌的感染）。而「卡他」這兩個字，再一次變成了一個關鍵字眼，以至於她在咳嗽症狀中表現出，父親應該對她的病症負責的想法。

一開始的時候，她的咳嗽可能只是一種輕微的細菌感染，但後來卻變成了她對自己父親（他有肺結核病）的模仿。所以，可以說這種行為是她對父親的同情與關心的表現。不過，除此之外，這一行為還有一些是當時的她還未意識到的意義：

「我是父親的女兒，我得了和他一樣的卡他。我因他而病倒了，這與我媽媽因他而病倒一樣。我受到了疾病的懲罰，因為我對他有著亂倫意味的愛情。」[註12]現在，讓我們把所有使

註12　在另一個 13 歲女孩的病例裡，「卡他」一詞也擁有相同的意義。這孩子居住在公寓裡面，由一位聰明的女士看護。女士的報告裡說，那小女孩不能忍受在她就寢時有人在她的房裡，並且當孩子起床後，就是劇烈地咳嗽，這種情況，白天是沒有的。詢問小女孩也沒得出結果，只曉得她的祖母也像她這樣咳嗽，人家說她患了卡他。至此可知，那個孩子也有卡他病，而她在洗澡的時候，不願意讓其他人看見她有卡他，虧得它的名字優雅，在這裡也顯現出了一種異常的程度。

杜拉嘶啞和咳嗽的不同因素串連起來。我們必須假定在最底層裡，有個由刺激作用於喉嚨的真實器官，與牡蠣養珍珠時所用的那顆砂粒類似。這個刺激，由於和杜拉身體作為情慾作用區的那部分有關，因此非常難消除。

所以，這個刺激對於顯現性本能的激動狀態是非常適合的。它因心理上可能存在的各種聯繫而繼續執著，這些都是產生執著的原因——她對父親同情式的模仿，以及她因自己的「卡他」而自責。同樣的症狀，也可用來說明她與K先生之間的關係，她對失陪於他而感到遺憾，代表著她非常願意做他的一個好妻子。

在她性本能的一部分再次轉向父親的時候，症狀便很可能具有終極的意義了。

藉著與K女士的仿同作用，這種症狀顯示出杜拉與父親性交的意涵。不過，這樣一系列分析肯定是不夠充分的。

非常不幸的是，一份不完全的分析，讓我們無法改變追蹤不同病癥意義的時間順序，也無法清晰顯示各不同意義之間的銜接與相關性。一個完全的分析，就可以達到這些要求。

現在，我不得不更深入探討，一些有關與杜拉的性器感染與她的歇斯底里症狀之間的事情。在歇斯底里的心理學解釋還很遙遠的時候，我常聽到有經驗的前輩醫師友人說，歇斯底里病人如果有白帶情況，那麼只要白帶增加，歇斯底里的症狀就會因此加強，還會伴隨著食慾不振和嘔吐現象。

這到底是怎麼回事，沒有人知道。但我非常相信婦產科醫師的見解。根據他們熟悉的理論，生殖器官的毛病對人神經系統功能的器官性，能夠產生直接而深遠的影響，雖然這理論在

・海的深度

伯恩・瓊斯，1887年，水彩
和樹膠水彩，169.4 × 75.8
公分，哈佛大學佛格藝術博
物館。

兩個情人一起沈淪到大海或
地獄的深處：所有熱戀中的
人都有這樣的勇氣——杜拉
也認為自己會受到亂倫愛情
的懲罰。性與里比多可以使
人反對一切道德禁忌，如火
藥可以點燃任何宙宇。瓊斯
與羅塞提一樣，其實是維多
利亞時代愛情文化的終極闡
釋者。

149

醫療試驗裡易使人困惑。

就我們目前的知識，無法排除這種直接的器官性的影響力，但是，不管怎樣，它在心理上所產生的影響較容易確定。

對她們的生殖器外表所帶有的自尊，婦女們總是懷著特別的一種虛榮心，她們覺得，生殖器有毛病會引來別人的鄙視，甚至是討厭，而且她們的人格也會因此受損，把自尊降低又會讓她們感到心慌、多疑與不可靠。通常嫌惡的來源就是陰道粘膜不正常的分泌。

杜拉回憶到，K先生吻了她之後，她便有一種非常強烈的厭惡感，我們假定那時候的情況是這樣子的：她在被擁抱的那一刻，清楚地感覺到男人硬起來的陰莖對她身體所產生的壓力。現在，我們知道，那個被杜拉辭退的女家庭教師曾對她說，所有的男人都是淺薄而靠不住的。對杜拉而言，這肯定代表著所有男人都和她父親一樣。

但她被傳染到了父親患的性病，他已經把性病「傳」給她和她母親了，不是嗎？所以，她可能會假想，天下的男人都有性病，顯而易見的，她對性病的看法來自於她的一次個人「經驗」。

在她眼裡，性病就是有討厭的物體流出來。因此，我們在此又多知道一個她在被擁抱時之所以產生嫌惡感的原因。如同我在前面提過的，接觸男人時的嫌惡感肯定是由基本的作用機構所導致的感

· 羅德和他的女兒

李比利，1680年，畫布、油彩。

其實每個人都有亂倫的欲望，都要經歷性的困擾，佛洛依德在他《夢的解析》一書提出這樣驚人的觀點。關於亂倫的現象，《聖經·舊約》中曾有所表現，羅德家族被上帝滅絕，只有羅德和兩個女兒逃脫噩運，為了種族的延續，發生了父女相奸的狀況。而且，在當時，這種亂倫行為並不被認為是種罪惡。

· 戴娜

克林姆，1907年或1908年，畫布、油彩，77 × 83公分，個人收藏。

在杜拉看來，有了討厭的流出物就是得了性病，這種無知導致她對於性的嫌惡。雖然西方曾有過醜化精液的歷史，但在闡述宙斯的黃金雨主題畫面上，克林姆顯然表達了精液等同於黃金的觀念。克林姆是一個黃金工藝師的兒子，他喜歡使用金色調，其作品具有強烈的裝飾性。

・逐出伊甸園

馬薩其奧，214 × 90公分，
壁畫，存於佛羅倫斯聖瑪利
亞大教堂布蘭凱西禮拜堂。

馬薩其奧畫的亞當和夏娃顯
得很醜陋，性的發現扭曲了
他們在上帝眼中的形象。卡
夫卡曾說：「因為急躁，我們
被逐出伊甸園；因為懶惰，
我們永遠不能回歸」。少女
杜拉就是最典型的「原罪
病」患者，她認為生殖器的
讚美會帶來別人的鄙視。馬
薩其奧是義大利文藝復興的
天才先驅，27 歲就夭折了，
但他的作品成熟得可以直逼
幾百年後的象徵主義。

受，而且最後肯定是和她自己的白帶有關。

我想，在這裡，我們與一個由於潛意識作用而表現出過於具體念頭的關係，這個想法被附在一個存在很久的器官性結構上。如同附在鐵絲上的花彩一樣。所以，我們在另一個場景裡，可以把其他纏在同樣鐵絲上的不同想法找出來。但是，雖然在個別病例中，念頭銜接的知識有用，但卻不可以被誇張為擁有消除症狀的力量。由於我對本病例的分析太早停止，因此我們不得不依靠推測與假定。所有曾用來彌補空隙的理論，都是我從其他經過透徹分析的病例中提取出來的精華。

被杜拉帶進睡夢中的解決煩惱之法，也就是我們所分析的夢。每天晚上，它重複地出現，一直到解決辦法開始出現效果，但幾年之後，在同樣的情況需要相似的解決辦法時，它會再一次出現。在這樣的話裡，可能會找到解決的方法：

「由於我的貞操在此受到威脅，所以我一定要從這裡飛離；我要與父親一同離開，而且，在早晨起來穿衣服的時候，我將提防遭到偷襲。」

在夢裡，這些念頭清楚地表現了出來，在白天生活中，它們是意識中的一部分。但在此意識背後的想法，仍然有蛛絲馬跡，能夠被區別出來，並詳細分析那些因壓制而產生的不正常願望。

這一系列的想法，往那個男人的誘惑靠近、加強，以報答他前幾年給她的恩惠和體貼，而且，她由他那裡獲得的唯一一吻的回憶，也因此活躍了起來。但是，由我在夢的解析中所引申出來的理論，這些因素還不足以造成一個夢。這種理論指出，夢是被實現的願望，而並非是被履行的決心，而且在大多

‧青春期

孟克，1895年，畫布、油彩，150 × 111公分，奧斯陸國家畫廊。

孟克描繪的這個少女形象，因為有一團恐怖的相伴而流露出巨大的驚慌感。消瘦的面頰令人回憶起 19 世紀德國表現主義詩人特拉克爾的名句：「一隻藍色的野獸，在紅色的湖畔哭泣」。佛洛依德的患者杜拉，也正像是一隻哭泣的野獸，在潛意識中等待著 K 先生的吻。表現主義運動產生於近代社會革命之後，目的是用審美代替道德。

數情況下，夢所表達的只是一個在孩童時代就存在的願望。我們現在對這病例進行分析，就是想證實對這個夢來說，這原理是不是矛盾的。

實際上，這個夢隱含著嬰孩時期的材料。雖然乍看之下，不太可能發現那些材料和杜拉從K先生房子裡逃出來，與K先生下定決心引誘之間有何聯繫。以及，為何會出現她小時候尿床，和她父親教導孩子養成清潔習慣時所引起的惱人回憶呢？

我們也許可以這樣回答，那些極想屈服於誘惑的念頭，只有通過這些回憶才能被壓制住，也可以說，只有這樣才能保障決心的優勢。杜拉決心跟她父親一起走，事實上，只是她逃向她父親的一個舉動，因為對於這個追求她的男人，她非常害怕。她把小時候對她父親的愛再次召喚出來，用於逃避自己對一個陌生人的愛。由於她父親為了自己的戀愛，把她轉交到這陌生男人的手裡，因此，他對她當時的危險處境必須負一部分責任。如果她父親當時沒有愛上別的女人，並用盡全力去解救她，讓她不至於陷入現在這樣的危險處境裡，那麼情況將會比現在好多了。

那種以她父親代替那陌生男人的願望──一開始是屬於嬰孩時期，而現在則屬於潛意識──具有形成夢的潛力。如果以前有一處境和現在的處境類似，只是牽涉的男人只有一位這點不同，那麼，這一處境將與夢中的主要處境相同。對杜拉來說，這樣的處境確實存在過。她的父親曾像K先生那天一樣站立在她的床邊，並且把她叫醒了，也許會給她一個吻，這與K先生的想法是一樣的。

這樣的話，她想從房子逃出去的決心本身，是無法形成一

個夢的；但在它和嬰孩時期的願望有關的決心結合在一起後，就可以形成一個夢了。而成夢必須的動機，則由她父親取代Ｋ先生的願望提供。

我回想起，杜拉對她父親與Ｋ女士關係的異常想法的解析。我是這樣解析的，那個時候，為了讓她對Ｋ先生壓抑的愛情繼續被壓抑著，她把自己從嬰孩時期就對父親的愛召喚了起來。病人的夢，是她精神生活上這種急變反應的體現。

我曾在《夢的解析》一書裡觀察過，有一些白天所留下來的清醒念頭延續進入睡眠中，與造成夢的潛意識的願望之間會形成某種關係。由於對杜拉的夢的解析證明，我所假定的和事實相符，所以在這裡，我要借用這些觀察所得出的結果。

我認為，有一種夢之所以被激發，全部或主要是來自白天清醒的生活內容，再者，我想，即便是我願意變成一個真正的「萬能博士」，但哪一天如果我可以暫時中止對朋友健康的關懷的話，那天晚上，我仍然能夠擁有一個舒適的睡眠。那個關懷本身其實沒有辦法形成夢。形成夢，必須要有一個「動機勢力」──也就是願望，把願望和關懷結合在一起，才可以形成它成夢的動機勢力。

打一個比方，對一個夢來說，所有白天清醒時的想法，就如同一個企業家，儘管這個企業家有一個理想，並且有實現理想的渴望，但如果缺乏資金的話，他將做不出什麼成就，資本家的投資對他來說非常重要。這資本家的投資，就是夢的心理上出路的代表者，所以，無論白天清醒時的想法是什麼，他都是源於潛意識裡的願望。

所有對夢的微妙有一定欣賞水準的人來說，都不會因為

157

· 窗前兩婦人

慕里歐，1670年，畫布、油彩，127 × 160公分。

世故的家庭女教師掩嘴而樂，少女則眼睛閃亮，露出發自內心的微笑。顯然，女教師比少女看到的更多，少女的純真最終要被成熟女性的世故所代替。畫家表現了少女生活在某種危險之中，表達了對純潔少女蛻變為成熟女人的憂慮。杜拉的女教師也對杜拉產生了很大的影響，是她將杜拉潛意識中對K先生和她父親的戀愛情結，引到她的意識層面上來。

·顯現

牟侯，1874-1876年，板上油彩，106 × 72.2公分，巴黎羅浮宮。

善舞的莎樂美是驕傲與殘酷的化身。她對先知約翰的愛就是佔有，為了佔有必須殺掉約翰，然後再親吻他的人頭——這或許也是很多戀愛中人的心理。性愛異化導致的兩種結局，正如佛洛依德所說：一是性變態，一是拒絕性行為而患心理病。莎樂美兩者皆備。

·斜躺的裸女

巴爾蒂斯，1983年，畫布、
油彩，93 × 118公分，紐約
私人收藏。

一個封閉而凝滯的空間裡，
充滿少女最為私密的幻想，
佛洛依德在《夢的解析》中
提出，在這種白日夢的幻想
中，所有的內容都是和性相
關的，無一例外。

杜拉用父親代替那個引誘她的男人的願望而感到驚
訝，這個願望不僅喚起她孩童時期的記憶，同時也
喚起那些被壓抑的材料的展現。

　　要是杜拉沒有辦法接受那男人的愛，而決定把
愛潛抑起來的話，那麼，就再沒有更直接的因素比
尿床、白帶和嫌惡感——這些早期性行為所造成
的後果，能促成她的決定了。這種早期經驗，就變
成了成熟時期兩種需求行為基礎的反映。這兩種行
為，一種是把絲毫引不起阻力的正常性行為放棄，

而漸漸變成性變態；另一種則是一種相反的行為，即不接受正常的性行為繼而得心理症。在當前的病例裡，我們可以從她的體質、高水準的智力、道德修養看出，她傾向於後者。

我要更進一步地指出這點：通過夢的分析，我們與具病源作用的事件的某些細節有了接觸，這是通過回憶無法辦到而且也無法重現的。杜拉曾把孩童時期尿床的回憶壓抑到潛意識裡，也從來沒有提到Ｋ先生騷擾她的相關細節，因為它們僅僅存在於她的潛意識層裡，從來未曾到過她的心靈（意識界）世界裡。

第一個夢的所有含義

性肯定與男人給女人某種點滴狀的液體有關，這一點杜拉是知道的。她知道最危險的環節就是在這裡，所以，她努力不讓自己的身體被尿濕。

我先補充一些說明，以便對這個夢進行更佳的重新組合。這個夢開始的時間，是那次森林遭遇後的第二天下午，在杜拉發現她沒有辦法把房門鎖起來以後。那時，她對自己說：

「有一種嚴重的危險威脅著我。」

所以，杜拉不願意再單獨留在房裡，下定決心要跟父親一起離開。由於在潛意識中，這個決心找到一種與它相呼應的迴響，所以形成了夢。她潛意識裡嬰孩時期對父親愛的召喚，就是那響應她的東西，這種願望能讓她避免當前的誘惑，保護她。

這種召喚出現並持續下來，導致她因為父親而對Ｋ女士產生嫉妒心，似乎她自己還對父親有愛意。在接受與拒絕Ｋ先生的引誘這兩種想法之間，她的心理產生強烈矛盾感。後面這個動機勢力，則由名譽感與正義感的動機產生，由女教師灌輸敵視男人的想法（一種嫉妒與自尊心的受傷）而來，因為一種神經質的因素，即拒絕性行為的想法產生的。小時候的同一故事，是她召喚用來抗拒男人誘惑與對父親的愛，以及她拒絕性行為傾向的發源地。

她下決心投奔父親的念頭深入潛意識界，經由夢的變形，就形成了一種被實現的願望，這一點我們是知道的：在夢中，

父親把她從危險境遇裡解救了出來。由於是父親使她陷入危險中，所以在這個過程裡，某種礙事的想法必須被摒棄。在這裡，一直壓抑著一種敵視父親的感覺（想要報復的欲望），這便成了一種第二個夢裡的動機勢力。

由夢的形成與條件可知，所選擇的想像環境一定是要嬰孩時期環境的一種變形性重現。目前的處境，即促成夢的那個處境，如果能和嬰孩時期的某個環境產生聯繫，那麼就會取得一個巨大的成功。在本病例中，因材料的偶然配合這一點被成功地做到了。如同K先生站在床邊把她叫醒，與父親在她小時候也經常這樣做的情景聯繫在了一起。所以，她潛意識的趨向，便很容易給予那個情景裡的父親某種象徵，以代替K先生。

但是，她的父親常常把她叫醒，是因為怕她尿床。

就夢的內容來說，「尿床」所象徵的意義有著決定性的影響，在夢中雖然它僅是被模糊了的隱喻或反喻。

「水」和「尿」的反義詞為「燒」和「火」。她父親在他們到達目的地的時候，非常擔心失火的危險，這為她夢中的危險是失火，而父親把她救了出來起了決定性作用。作為夢裡景象的情景，就源於這種巧合之上，產生了「尿」的一種反喻：「起火了。她的父親站在床邊把她叫醒。」 要不是剛好配合當時她把父親當成解救者的話，父親的憂慮肯定不可能在夢裡佔有這麼重要的地位。「在我們抵達目的地的時候，他就已經預見了那個危險！」（實際上，是他把她帶進危險裡去的。）

在她的思路裡，「尿」這個字，成為幾群意念的關鍵字眼。「尿」不僅與「尿床」有關聯，也與性誘惑的意念有關聯，性

誘惑的意念總是隱藏在夢的內容後面。性交必定涉及到一種「尿」，性肯定與男人給女人某種點滴狀的液體有關，這一點杜拉是知道的。她知道最危險的環節就是在這裡，所以，她努力不讓自己的身體被尿濕。

同時，「尿濕」和「點滴」把其他的聯想引發了出來，即與討厭的白帶有關的聯想。對她來說，在近幾年裡，白帶毋庸置疑地與小時候尿床一樣，擁有可恥的意義。在這層意涵上，「尿」擁有和「污穢」一樣的意義。她的私密處應保持衛生的，但她讓白帶給弄髒了。而她媽媽也是這樣。她母親的潔癖是對這種污穢的一種反向行為，對此她似乎很清楚。

就這樣，兩種意念被聯繫在一起：「從父親那裡，母親得到兩樣東西——性的尿濕和污穢的流出物。」杜拉小時候對父親的愛，是和她對母親的嫉妒分不開的。只不過，當時還未明確表現出這種材料。

但如果存在著一個與由「尿」而產生的兩種聯想具有相同密切的關係，並且能夠避免褻瀆的回憶的話，那麼，在夢裡面，這種回憶就可以表現出來。這種回憶可因「點滴」的事情積累而成，這和杜拉母親所喜歡的珠寶有關。

珠寶與性的尿濕和污穢那兩種念頭的聯繫，從表面上來看肯定是膚淺的，或者只是語音上一些的聯想。「點滴」被用作一種模棱兩可的「雙關語」，而「珠寶」則被賦予了與「潔淨」一樣的意義，也就是「污穢」的反義詞。但是，事實上，存在於兩者之間的才是最重要的聯繫。杜拉嫉妒她母親有關的材料，是這個回憶的源頭。她雖然從嬰孩時期就對母親心存嫉妒，不過，她這種嫉妒心理的延續卻遠離那個時期。也正是借由這兩

·離棄

德爾沃，1964年，畫布、油
彩，140 × 160公分。

窗前的男子望著暮色，似乎
正在自責，但他並沒有拋棄
睡在地毯上的女性，而是那
少女自己拋棄了自己。畫中
的鋼琴關閉，但卻有音樂般
的寂靜點亮大廳。愛情是一
切超現實主義對藝術理解的
第一顆微鏡，而性則是少女
對人生理解的第一顆微鏡。
杜拉反覆夢到尿床，是由於
童年時父親常常因此叫醒
她。尿床的不潔讓她想到性
的不潔。

個字「珠寶——點滴」的意象，才得以完整地體現出
她對父母性交、母親的淋病，以及潔癖觀念所伴隨著
的意義的想法。

　　但是，這材料在夢裡出現以前，還需經過一定
的變形，儘管「點滴」與原來的「尿」比較接近，
但距離夢裡的「珠寶」卻還很遠。所以，在這個因
素深入夢裡的處境那一刻，出現了這樣的結果：

　　「母親停了下來，試圖去搶救她的珠寶。」

　　但是，杜拉後來所經歷的事情卻讓「珠寶」變
成了「珠寶盒」，這個改變與K先生的誘惑有直接

關係。K先生從未送過她珠寶，但卻送過一個珠寶盒子給她。盒子代表著他對她的愛意和體貼，她現在感到應該感激他。所以，那個合成詞「珠寶——盒」，便成為了夢裡的關鍵點。在一般情況下，珠寶盒就是完整無疵的女性生殖器的象徵。是的，從另一點來講，它本身也是一個純潔的字眼。至此可知，這剛好把杜拉既想暴露又想隱藏在夢背後的性想法，微妙地體現了出來。

所以，「母親的珠寶盒」在夢中出現了兩次，而它便取代了與杜拉小時候的嫉妒感、點滴（即性的尿濕）、被流出物污穢有關的東西，還有另一方面，她現在因男人的誘惑而造成內心衝突想法的事情。與其他因素相比，「珠寶盒」這一要素，更是經過濃縮和變形後的產物，並且還是兩種相矛盾精神勢力的綜合。它的來源具多重性，有嬰孩時期的，也有目前的，這點可以由它在夢裡的雙重作用得到。

夢，是一種對一個刺激的新鮮經驗的變形性反應，而且，這個經驗肯定曾喚起過以前類似經驗的回憶。那一段發生在K先生辦公室裡被親吻的遭遇就是後者，那個時候，她感到非常厭惡。但相同的情況，也可以從與白帶有關的想法以及當前的誘惑裡引發。那一段遭遇給夢提供了一項意念：「著火了。」毋庸置疑的，她從那一吻裡聞到了煙味，這致使她在夢裡也聞到煙味，而且一直到她醒來之

・哈，妳吃醋啦？

高更，1892年，畫布、油彩，普希金博物館。

保羅・高更一生中的大部分時光，是在太平洋一座大溪地的小島上度過的，這幅畫作表現高更與土島女性的愛欲關係，也表現了兩個女人為爭奪同一男性的妒忌之情。杜拉在她的潛意識之中，既妒忌她的母親，也妒忌K女士。

後，煙味才消失。

由於我的疏忽，給這個夢的分析留下一個不幸漏洞——忽略去解析杜拉父親的話。他在夢裡說：「我不想讓我的孩子們被摧毀……」從夢的思想角度去看，肯定是手淫造成的結果。一般情況下，夢中的話是由真實生活中偶爾聽到的語句組成的。我早就應該把這段話的真實來源解析清楚，雖然解析的結果會把夢的結構顯示得更為複雜，但它卻有助於進行更深入的分析。

我們做一下假設，如果這個夢在 L 地發生，它的內容和在治療期間再發生的會一模一樣嗎？好像沒有必要這樣。我的經驗告訴我，人們常常肯定地說他們做了同樣的夢。實際上，就算是重複的夢，每一次細節上都還是有許多不一樣的地方，還有一些重要的方面也是不一樣的。

我的一位病人對我說，前天夜裡，她又做了一個讓她感到非常愉快的夢，夢裡出現的內容總是一樣的。她夢見自己在藍色的海裡游泳，夢見高興地離開海浪等等。但是在仔細地分析過後，發現在同一背景裡，仍然會有一些不同的細節，在某種情況下，她還夢見自己在冰海裡游泳繼而被冰山圍住。這個病人還做過一些其他的夢，儘管她並沒有說它們是一樣的夢，但肯定和現在這個有關聯，例如，有一次她夢見自己看著一片景色（圖片上的，但是具有真實感），同時，圖片裡出現了赫里戈蘭（Heligoland）的上鎮和下鎮，一艘在海上航行的船，有兩個她年輕時認識的朋友在船上等等。

所以，我們可以肯定的是，在杜拉這個病例裡，治療期間做的夢，儘管它在內容上沒有什麼變化，但中間已加進了與

‧美好的日子

巴爾蒂斯，**1944-1946**年，畫布、油彩，華盛頓赫斯歐博物館。

這是一個彌漫著曖昧氣氛的幽閉房間，少女的欲望漫延到整個空間，男子俯身在火爐上，正在燒旺壁爐裡的火，這又是一個有關「火焰」充滿暗示的行為。巴爾蒂斯是法國十分有成就的具象派畫家。微妙、甜蜜的青春期女孩主題貫穿了他的繪畫生涯，他一直在用輕快的筆觸描繪潛在的性暗示。

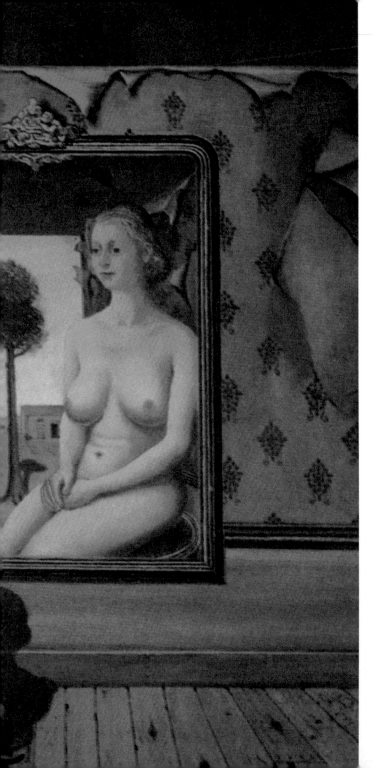

· 岩洞裡的女人

德爾沃，1936年，畫布、油
彩，71 × 91.5公分。

衣著整齊的少女坐在鏡前，
鏡中的影像卻是一個裸體的
形象。鏡中影像就像少女潛
意識中自己的影子，夢裡的
杜拉就像鏡中的少女，因為
那是一種違反社會道德體系
的真實表現，所以它們只能
在夢裡或鏡子中得到反應。

現在有關聯的新的意義。她對我的治療的反應,也出現在這些夢的背後思想裡,與以前躲避危險的決心的再次顯現是一樣的。她說,如果她記憶沒有錯亂的話,她在 L 地就注意到醒來時會聞到煙味這件事了,在這夢裡,她肯定非常聰明地想起了我常跟她說的一句格言──「沒有火,哪有煙呢」。

最近發生的她媽媽鎖上餐廳的門,而使哥哥被關在寢室裡的刺激性事件,便與她在 L 地被 K 先生騷擾的事件相聯繫,這一點是無法否認的。那時,她發現自己無法把自己寢室的門鎖起來。她的哥哥在前幾次的夢裡也許並沒出現,但是「我的兩個孩子」(她哥哥出現)在最近的刺激事件發生後,就變成了夢的內容。

第四章
第二個夢

我遊蕩在一個陌生的城市裡……接著我走進了自己住的房子……我問了差不多一百次：「車站在什麼地方？」……接著我眼前出現了一片茂密的林子，於是我走了進去……，女僕打開門告訴我，母親和其他所有的人都已經進了墳墓。

我已經問了差不多一百次：「鑰匙在什麼地方？」

在我眼裡，「鑰匙在什麼地方？」與「盒子在什麼地方？」是等同的陽性的相對問題。它們都是與生殖有關的問題。

　　第二個夢是在第一個夢過了幾個星期之後出現的，它是不可能像第一個夢那麼完全，因為在它被解析的過程中，分析的工作中斷了。但它還是給與了一種假設證明。而對病人的精神狀態的瞭解，這種假設是必要的。它填補了她記憶上的一處空隙，這讓我可以深入洞察她另一症狀的源起。

　　杜拉對我說，她的夢是這樣的：

　　「我遊蕩在一個陌生的城市裡。擺在我面前的是陌生的街道和廣場。[註1] 接著，我走進了自己住的房子，我在房間裡找到了一封媽媽寫來的信。她說由於我不告而別，她本不打算寫

註1　她後來對這點有一個重要的補充：「我在一個廣場裡面看見了一個紀念碑。」

註2　她繼續補充道，在「高興嗎」這字後面有一個問號。

信把我爸爸病倒的消息告訴我的。『現在他已經死了，妳如果高興的話，[註2] 妳就回來吧！』所以我要先去車站。我問了差不多一百次：『車站在什麼地方？』但我總是得到這樣的回答：『5分鐘。』接著，我眼前出現了一片茂密的林子，於是我走了進去，在裡面我碰到了一個人，我向他提出了相同的問題。他卻回答說：『還差兩個半小時』。[註3] 他提出了和我一起走的建議，但遭到了我的拒絕，接著我一個人前進。我發現車站就在眼前，可我就是無法走到那裡。那時，與以前在夢裡發現自己沒有辦法前進是一樣的，我非常焦慮。接著，我就直接回到了家。我肯定在那段時間旅行過，只是我一點也記不得了。我走了進去，並問道，我們的寓所在什麼地方。女僕打開門告訴我，母親和其他所有的人都已經進了墳墓。」[註4]

我曾在夢的解析過程中遇到困難。我不能保證每一部分結論都確實可靠，因為發生了一些特殊情況，中斷了分析，而且夢的內容也沒有詳細弄清楚。

首先，我要說明在夢發生之際，我的分析所處理的主題。有一段時間，杜拉總是對自己的一些行為，以及這些行為背後的動機之間的關係，產生疑問。其中，有這樣一個問題：

「我為何在湖邊那一段遭遇之後，數天之內都隻字不提呢？」

註3　她在重述這個夢的時候說是「兩個小時」。

註4　她在另一次面談的時候，在這裡作出了兩點補充：「我清清楚楚地看見自己走上樓梯。」以及：「在她回答之後，我走回了自己的寢室，但一點也不傷心，並開始翻閱一本在桌上放著的大書。」

· 城市入口處

德爾沃，1940年，畫布、油
彩，170 × 190公分。

杜拉說：「我在一個陌生的
城市遊蕩，看到的是陌生的
街道和陌生的廣場……」德
爾沃的畫幾乎是為這一幻
覺量身定作的。女子們走
進了連自己也陌生的城市：
愛情。而男子們就更加迷惑
了。畫中的男子手裡拿著複
雜的宮形地圖，其實那就是
女性性器官的象徵。

還有另一個問題：

「我接著又為何會突然對父親說呢？」

而且，我認為，K 先生的求歡，讓她受到了非
常深的傷害，這些好像都需要得到解釋，特別是在
我知道 K 先生本人並不認為他的求歡舉動僅僅是一
種輕薄的引誘。

我認為，她告訴父母那段遭遇，這一行為是受
一種病態的報復心理所驅使。我覺得，對於這種事
情，一個正常的女孩一般都會自己處理。以下，我
把從這個夢的分析中所獲得的資料，透過我記憶的

175

·給人帶來不安的繆斯

基里訶，約1917年，畫布、油彩，242.5 × 165公分，米蘭馬蒂斯奧利收藏館。

古典式建築和雕像與沒有眼睛的人體模型、工廠及幾何圖形搭配在一起，在一個毫無邏輯的城市風景中，造成了一種無法形容的陰惡印象。明亮且不安定的色彩對照深暗的陰影，加重了畫面的不安定與焦慮感。雖然杜拉夢中的城市景象未必和畫面中的一樣，但焦慮和不安定的情緒卻是相同的。

順序講述出來。

　　她遊蕩在一個陌生的城市裡，眼前是街道和廣場。杜拉向我保證說，那地方絕對不是B城，而是一個她從來沒有去過的城市。夢中的這個城裡景象，也許來自於她見過的某些圖片和照片。這個時候，她補充道，她曾經看到一處廣場裡的紀念碑，

接著便立刻想起它來自哪裡的事情。耶誕節時，她收到一份由德國療養勝地寄來的相冊，裡面有這座城市的風景，而這件事剛好發生在她做這個夢的頭一天，她曾給來訪的親戚們看這本相冊。後來，它被放在一個杜拉一時找不到的收藏圖片的盒子裡，所以她問母親說：「盒子在什麼地方？」[註5]

其中，有一張相片就是照一處廣場，廣場中間有一個紀念碑。送給她這份禮物的人是一位年輕工程師，她曾經在父親的工廠所在地和他有過一面之緣。為了早日自立，那個年輕人接受了在德國的一個職位，他總是利用所有機會，讓杜拉感受到他的存在。

可以想像得到，總有那麼一天，他會在社會地位有所提升時向她求婚。但是，這需要一段時間，換句話說，就是要等待。

有許多原因會導致一個人在陌生的城裡遊蕩。其中一個原因肯定與頭一天所發生的一件流動事情有關，杜拉一位年輕的堂兄在那天來她家度假，杜拉帶著他去維也納市區逛街。事實上，對她來說，這件事情一點都不重要。但是，堂兄的造訪，卻勾起她第一次去德勒斯登（Dresden）玩的回憶。

那個時候，她算是一個外地人，所以她四處遊蕩。不過，她肯定會去參觀當地有名的繪畫沙龍。當時，另一位堂兄與她們在一起，由於他對德勒斯登非常熟，所以很樂意充當導遊帶她們參觀沙龍。但她拒絕了，獨自一人去了那裡。她在吸引她的圖片前面矗立不動，曾在拉斐爾的聖母前如癡如醉地待了兩

註5　在夢裡，她說：「車站在什麼地方？」我因為這兩個問題的相似性下了一個推論，現在還有待深究。

‧西斯汀聖母

拉斐爾，約1512-1514年，木板、油彩，265 × 196公分，德勒斯登國立美術館。

顏色單純且肅穆，在月全食般的光環下，瑪利亞懷抱聖嬰，下垂的眼瞼表現出對芸芸眾生的無限同情。瑪利亞是處女妊娠的神話，既抵消了性的不潔，又使基督的誕生有了人倫上的住所——這幅畫之完美，幾乎已經成為基督教繪畫中聖母形象的權威版本。作為謀利的巨匠，拉斐爾一直是達利終生的偶像。因為其技巧上無懈可擊。拉斐爾在道德上的感染力，使杜拉在其聖母畫像前逗留了兩個小時之久，如癡如醉。

個小時。我問她為什麼對那張圖畫如此地感動時，她自己也清楚。後來她說：「聖母瑪利亞。」

很明顯的，這些聯想和夢的形成有關。其中一部分毫無改變地在夢裡重現（比如「她拒絕了，接著「獨自一人去」和「兩個小時」）。我覺得，她夢的思想之網的關節（德勒斯登的圖畫和相冊中的圖片）就是「圖畫」。

　　我也想指出，當了母親的處女「聖母瑪利亞」所象徵之意義。但非常明顯的一點是，在夢一開始時，她把自己看成是一個年輕的男人。這個年輕人遊蕩在一個陌生的地方，他努力試圖找到一個目標，卻老是被阻礙，他需要足夠的耐性，而且他必須等待。如果這年輕人是那個工程師的替身，那麼，擁有一個女人（也就是她自己），就是他想要達到的目標。

　　但是，出現在夢裡的，卻是一個車站。儘管如此，現實發生的問題和夢裡的問題之間的關係，讓我們仍然可以用「盒子」去替代「車站」，[註6]這樣的話，盒子和女人：觀念將更加清晰。

　　「她問了差不多一百次」，這是另一個致使形成夢的原因，而且，這個夢和她的親身經歷有密切的聯繫。前一天晚上，她和父親待在一起，由於他不喝點白蘭地就無法入睡，父親總是叫她拿白蘭地給他。她問母親，壁櫥的鑰匙放在哪裡，但母親正興致高昂地和別人說話而沒回答她。於是，她煩躁地吼道：

　　「我已經問妳差不多一百次了，鑰匙放在什麼地方？」

　　實際上，她僅重複了5次而已。[註7]

　　依我看，「鑰匙在什麼地方？」與「盒子在什麼地方？」是等同的陽性的相對問題。它們都是與生殖有關的問題。

註6　杜拉在自己的問題裡所用到的「盒子」，實際上是一個「女人」的諷刺性用語。

註7　在夢裡，在提及「５分鐘」的時候，用到了5這個數字。我在《夢的解析》那本書裡，舉出過幾個出現在夢的思想中的數字怎樣被處理的方法。我們總是發現它們從真正的上下文裡被拆散，然後被插進一個新的上下文裡。

· 特洛伊

德爾沃，1967年，畫布、油彩，160 × 140公分。

在古希臘神話中，特洛伊是引發劫持海倫事件與特洛伊戰爭的地方，德爾沃用一個類似現代車站的夢境來比喻，暗示蒸汽機車是工業文明的象徵。車站是盒的象徵，這個既像是海倫又像是杜拉的古典少女被蠟燭所照亮，身披婚紗，似乎在等待著與工業氾濫和人性解放的現代嫁接。

杜拉接著說，家庭聚會時，有人向她父親敬酒，祝他身體健康、壽比南山等等之類。此時，父親疲倦的臉上總會閃過一絲痙攣，而他心裡在想些什麼，她很清楚。可憐的病人！他的生命還可以維持多久，誰知道呢？

這讓我們聯想到夢中信裡的內容。在她離家出走以後，她的父親死了。通過這封信，我立刻聯想到，杜拉寫給父母的或至少是為他們而寫的永別信。本來，那封信是準備讓她父親大吃一驚，使他不再與K女士往來；或者，不管怎麼樣，就算他無法離開K女士，她也可以藉著這個舉動對他報復。在這裡，她的死亡和父親的死亡（後來夢到的「墳墓」），我們都談到了。

如果我們假設，形成夢的主要動機是報復她父親的幻想，會太鑽牛角尖了嗎？這個假設，與她對父親的憐憫基本一致。在那個幻想裡，她離開了家，在異地流浪，於是父親整日憂慮不堪，心碎地等待她回來。這樣，她就成功地報復了。她非常清楚，父親不喝點白蘭地就無法入睡背後所真正需要的是什麼。[註8]日後分析任何夢的念頭形成的新因素時，我們都要考慮到杜拉渴望報復的心理。

註8　性的滿足，無疑是最好的催眠術，這與睡不著差不多都是性不滿足所導致的。她的父親之所以睡不著，「因為他沒有辦法和他所愛的女人做愛。」（與下句比較：「從太太那裡我什麼也得不到。」）

Dora

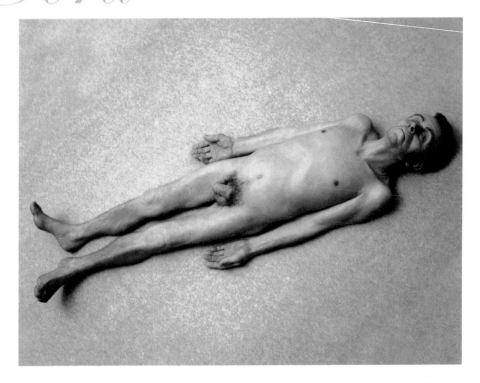

·死去的父親

羅恩·穆克，1996-1997年，
矽樹脂和丙烯酸，20 × 102
× 38公分。

這是一個觸目驚心的形象，
「父親」這個概念已經極度
地簡化和還原，它被剝離了
所有社會的含義，只是以一
個赤裸男人的形象呈現在觀
者面前。

　　但除此之外，那封信的內容肯定還有其他決定
因素。「你如果高興的話」，這句話是怎麼來的
呢？杜拉對這點補充道，有一個問號在「高興」的
後面，後來，她想起這句話出自K女士邀請她們到
湖邊度假勝地L地的信裡。一個問號在K女士的邀
請信裡，被很特殊地放在一個句子的中間，也就是
在「你如果高興來的話」這個句子中間的「高興」
兩個字的後面。

車站、密林的象徵和向雙親報復的動機夢

一開始出現的情形，就代表著她對處女膜被突破所存的幻想，幻想著一個男人如何找尋女性的入口。

所以，我們在這裡的談話，又再次回到直接或間接與湖邊那一段遭遇相關的問題上。我請杜拉詳細描述那一段遭遇。一開始，她沒有新的東西補充。K 先生求歡的話剛說出來，就有些嚴重，但她沒有讓他把話說完，在一明白他的企圖之後，就打了他一個耳光，接著逃走了。我問她，具體講了些什麼話？杜拉想起他說過這樣一句：

「我從我太太那裡什麼也得不到，妳是知道的？」[註9]

為了避免再遇到 K 先生，她決定走路回 L 地。她繞著湖邊往前走，半路上曾問過一個路過的男人，還有多遠才到目的地。他回答說：

「還要兩個半小時呢。」

於是，她不打算走路回去了，再次回到船上，不久以後船就開走了。K 先生當時也在船上，他走到她面前，希望她原諒自己，並忘記那件事情，對此，她沒有答覆。夢中的樹林代表著湖畔的樹林，也就是那一段遭遇發生的地方。但是，在做夢前一天她的確看見過同樣的密林，在分離派作家的畫展所展出的一幅畫裡。有半神半人的少女（Nymphae）存在於那張畫的背景裡。[註10]

註9　這句話為解決出現的問題，提供了很大的幫助。

正是因為這一點，證實了我的懷疑。「車站」（Bahrhof）——鐵軌集中地（註11）和「墓地」（Friedhof）都是和平之地，足以用來象徵女性生殖器。但同時也讓我想起，相似的女性生殖器一個特殊部位的解剖學名詞「前庭」（Vorhof），這聽來也許有點可笑。但現在把「密林」背景中可見的半神半人的少女加在上面，卻是事實確鑿的，因為這少女就是性的代表！（註12）就醫生所知，當然外行人不知道，「半神半人的女人」（Nymphae）——外行人就算是前面那個字Nymph也用得非常少，那是小陰唇的名字，這樣的話，位於陰毛這「密林」的背景中的小陰唇，就是那幅畫所暗示的東西。

但是，所有用「小陰唇」或「前庭」這類字的人，肯定都是從書中得到這類知識；並且一定不是從一般書籍裡，而是從某種百科全書或從解剖學教科書——年輕人滿足性好奇的所在處學來的。這種解析如果成立的話，那麼，夢一開始出現的情形，就代表著她對處女膜被突破所存的幻想，幻想著一個男人如何找尋女性的入口。（註13）

註10 我們在這裡第三次碰到「圖畫」（前兩次，一次是城市的風景照片，一次是德勒斯登的繪畫沙龍），但這一次卻擁有更大的意義。

註11 再者，「車站」還代表「交通」、「交際」、「性交」。許多對鐵軌有懼怕症患者的心理，都和這些含義有關。

註12 Nymphen 這個字在德文中，還有 nymphs 和 Nymphae 的意思——譯者。

註13 夢的第一個情況的第二部分，是由突破處女膜的幻想造成的。做夢者的貞操所受到的威脅，這由強調前進的困難，以及夢中所感到的焦慮可以看得出來。在拉斐爾的聖母畫像前，這一點有所隱喻。這些性的念頭提供潛意識的佈景，給那位在德國等待她的求婚者有關的願望。

· 伊莎貝爾 · 史泰勒 ·
達絲夫人肖像

達利，1945年，畫布、油彩，65.5 × 86公分，柏林美術館。

本幅畫像是達利在二戰結束期間所作，所謂達絲夫人，其實也不過是達利夫人加拉的一個翻版。人和自然交相輝映，自然成為人的鏡子。杜拉夢中的樹林，也就是湖畔的樹林。我們常發現，有些現實場景是夢中見過的：僅此一點，就足以對唯物主義產生懷疑。

　　我對杜拉說了，從對她的夢進行解析我所得到的結論，這肯定帶給她非常強烈的觸動，因為緊接著她的腦海便浮現一大段曾被遺忘的夢境。「她平靜地進了房間，開始翻看在書桌上放著的大書。」(註14)

　　這裡有兩個細節需要強調：「平靜」和與有關

我們已知道夢中這個情況的第二部分，就是報復的幻想。這兩個部分並不是非常一致，只有一部分是一樣的。在後面，我們將發現第三個或更為重要的線索。

註14　她在其他的場合裡不說「安祥的」，而說「一點也不傷心的」。藉著這個夢，我可以證明我的《夢的解析》一書中一個論斷的正確性。那個論斷指出，一個夢的片斷如果起初被忘掉，但後來又想起來了，那麼，從認識這個夢的觀點來講，肯定是最為重要的那部分。同時，我還下了這樣一個結論，夢是因為內在心理的反抗才會被遺忘的。

·卡佳讀書

巴爾蒂斯，1968-1976年，布面
酪蛋白蛋膠畫，179 × 211公
分。

少女卡佳坐在一個角落裡，
充滿警覺地翻看手中的一本
書。這種神態使我們聯想到
杜拉，她在閱讀有關性的忌
諱的東西時，要常常不安地
回頭看看是否被人發現。

於書的「大」字。那本書是不是具有百科全書的開數，我問道，她回答說是的。

事實上，現在的孩子閱讀百科全書中有關性忌諱的東西時，是不可能「平靜的」。他們總是懷著恐懼與戰慄的心情看那種東西，而且經常擔心地回頭看是否有人走近。他們在看那類書的時候很容易被父母撞見。

但是，這種不安的處境，因為夢可以實現自己願望的特性而大為改善。杜拉的父親上天堂了，其他人也都進入了墳墓，她就能夠平靜地看她想看的書了。這不是恰好可以說明，她想要報復的動機裡，有一個就是推翻父母對她的禁令？要是父親死了，她便能夠隨心所欲看她想要看的那類書了。

·村間小路

德爾沃，1959年，木板、油彩，122 × 183公分。

火車站，交錯的鐵軌，路旁守望的少女，幽幽的樹林，以及夢幻而富有魔力的光線，都使得德爾沃的這幅畫貼切地表達了佛洛依德對杜拉夢境的解析。

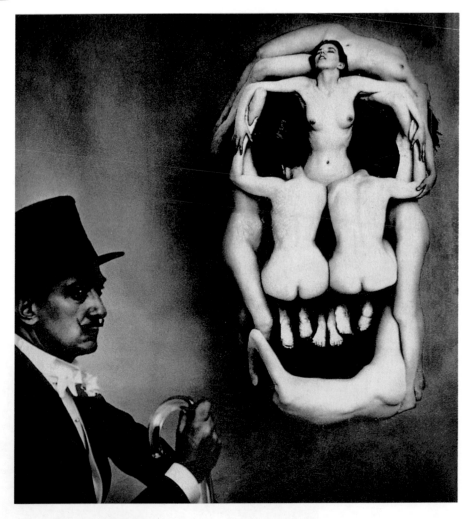

‧達利與女人體構成的骷髏

哈士曼完成達利的拍攝意圖，攝影。

女性的裸體組成花朵，花朵再變成骷髏。從美與性中看到死亡，一切精神病人和有自殺傾向的人都可能如此，杜拉很典型，性的夢魘使她很直接地想到尋短見。杜拉幻想著一個男人進入女性性器。不過在男性的思維中，性不過是「生我之門，死我之戶」。

假的跛足和盲腸炎，是少女一種破處懷孕的幻想

「在那個遭遇裡，發生了與性相關的一些事，換言之，在那個遭遇裡妳經歷了在百科全書中所看到的那些事情。這是妊娠幻想背後的假設。」

在剛開始的時候，杜拉不願回想曾看過那類書一事，後來，她坦言，確實曾經看過那類書，只不過當時純粹是出於一種純潔的動機。那時，她所愛的姑母生病了，而且病得很嚴重，杜拉決定去維也納探望她。就在此刻，杜拉的另一位叔父來信說，他們沒法去維也納了，因為他的兒子（也就是杜拉的堂兄弟）得了盲腸炎，病危。

於是，杜拉在百科全書裡查尋盲腸炎的症狀。她到現在還記得，那時從書中所看到有關腹痛的特殊位置。我記得，杜拉曾在她姑母去世後不久曾發作過盲腸炎的病症。那時，我沒聯想到這是一種歇斯底里症。

她對我說，剛開始那幾天，她發高燒，也感覺到百科全書裡所記載的那種腹痛。儘管已經冷敷，但她還是受不了。第二天，病症伴隨著劇痛再次發作（她的身體一直很差，發作情形非常不規則）。她在那段時間裡還一直患有便秘。

事實上，不可能純粹地把這種情況看成是一種歇斯底里的症狀。儘管歇斯底里真的會引起發燒，但是，就因此斷定這個病症裡的發燒是因歇斯底里而來，而不是因為某種病菌所引起的話，未免顯得太武斷了。對自己的夢，她最後又加上一點補充，她說：

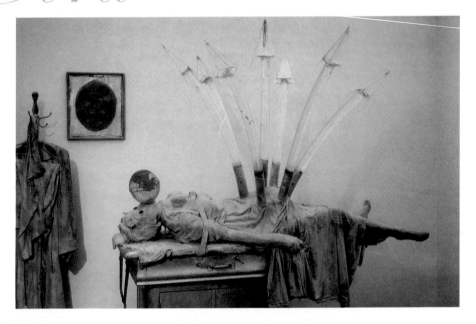

·生日

金霍兹（Edward Kienholz），1968年，複合材料裝置。

這是一個由混合材料做成的模型，一個正在分娩的婦女被孤獨地遺棄在一間冰冷的房間裡。婦女的痛苦，被表現得尖銳而觸目驚心，一個水晶球堵住了她的嘴巴，水晶球的雞頭表達了對男性的譴責。由於對女性分娩的知識，少女杜拉本能地對性充滿了畏懼與抵觸。

「我清清楚楚地看見自己走上樓梯。」

這個時候，我幾乎就要放棄那個想法了。

對她的這一點補充，我理所當然地想要一個特別的解釋。杜拉說樓上是她的房間，因此她肯定會走上樓梯。由於我們可以這樣說：要是她在夢中從那不知名的城市到維也納，可以不經由鐵路的話，她應該也可以不用樓梯就能夠出現在樓上，因此這種說法反駁起來一點都不困難。

她接著又說，她一直不能好好地走路，總是拖著右腿走，因為盲腸炎給她留下了後遺症。這種情況持續了很長一段時間，正因如此，她也非常希望可以不用上樓梯。她的腿到現在，有時還會跛。對於這種不

尋常的盲腸炎後遺症，父親請來為她看病的醫生們都很驚訝，尤其是腹痛並沒有復發，而且就算是伴隨腿的不適也從來沒有發生。(註15)

因此，我們把一種真正的歇斯底里症狀找了出來。

發燒也許是因為某種病原所導致，可能是種普通的感冒。但現在我們肯定心理症會抓住並利用這個機會去表現自己。因此，杜拉讓自己患了一種在百科全書裡找到的病，換言之，她在潛意識裡因為閱讀了那本書而懲罰自己。但是，她無法不相信，懲罰絕非全是衝著她閱讀那無邪的部分而來的。它肯定是與這有關的另一種較有罪惡感的閱讀的轉移作用所導致的。而且在記憶中，那邪惡的情況肯定躲在目前這個無邪的背後。我們也許還可以把她在那個情況中所閱讀東西的性質找出來。

既然跛腿這個失常的後遺症與盲腸炎全然無關，那麼，仿效盲腸炎這種情況的企圖，其意義又是什麼？很明顯，它肯定與一種可能和性有關的意義隱秘地契合著。再者，要是被這樣加以敘述的話，對我們所要探討的意義也許有一定的啟示。我在尋找一種方法去解答困惑。

時間的長短曾在夢裡被提及，在所有生物界事件中，時間

註15　我們不得不假設，在腹痛——也就是所謂的「卵巢神經痛」——與同側的腿部運動失常之間，存在著某種身體性的關係；而且還必須假設，那種身體性的關聯，就杜拉的病例而言，已經被一種十分特別的解釋所扭曲，也就是它又被附加上一種特殊的心理意義。讀者可以參考，我分析杜拉咳嗽症狀、白帶和食欲不振之關係所做的類似注解。

・劫數的岩石

伯恩・瓊斯，1885-1888年，畫布、油彩，155 × 130公分，私人收藏。

被鐵鏈捆綁的男女，證明了只有時間和困境能夠考驗愛情的程度。畫中肉體與石頭的反差，也意味著男女陰陽的反差。瓊斯是 19 世紀拉斐爾前派與象徵主義的宗師。在他眼中，命運與愛情劃上等號，而性愛是愛情的一半。幻想懷孕而假患盲腸炎，正是混淆了性與命運的表現。

・露絲・萊塞曼 No.1

大衛・霍克尼攝於 20 世紀初期。

現代人大都人格分裂，已是不爭的事實：如佛洛依德認為「失足」會導致所謂「妊娠」。由於霍克尼在攝影中運用了上世紀三〇年代立體畫派的技法，從而被譽為畢卡索精神的真正繼承人。他從不利用特技合成技術，而是直接將事物的各個側面拼貼成形。

絕不是一種沒有意義的因素。所以，我問杜拉，盲腸炎發生在什麼時候？是在湖邊那段遭遇之前呢？還是之後？她的回答立刻解決了我們所面臨的困難：「在九個月以後」，這個時間真的是非常特殊啊。她得的盲腸炎（腹痛）只是一種給自己客氣的藉口，以變形的方式讓她妊娠的幻想成真。她讀過有關懷孕和妊娠的部分，這點可以肯定。

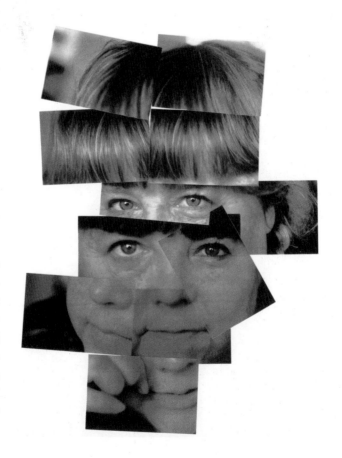

·聖浴

波布瓦，1930年，畫布·油
彩，65×81公分。

少女的犯罪感，使她潛意識
中利用各種轉移感覺的方式
洗去羞恥的心理。這種扭曲
心理形態會加重她心理疾病
的病情。

但是，這些與她的跛腳又有什麼關係呢？

現在，我願意作這樣一種猜想。跛腳和扭傷腳時走路的姿勢是一樣的，所以，那是她不小心「失足」了。她如果在湖邊那段遭遇九個月之後的確生了個小孩，那麼「失足」就會成真。

但還需要補充說明一點。這類症狀，我相信只會是從嬰孩期的原型延伸而來。至今為止，所有的經驗法則告訴我，較晚期經歷的印象是無法擁有發展成為症狀的足夠勢力。起初，我不敢指望杜拉能提供我所需的童年資料，也不敢確信我的看法是否普遍正確。但杜拉提供的資料立刻給了我一個證實。她說，的確，小時候曾扭傷過現在她跛的那隻腳，當時下樓梯滑倒，腳還腫起來，不得不包紮，這讓她好幾個星期需躺在床上。這件事情，是在她 8 歲時神經性氣喘發作前不久發生的。

所以，我對她描繪這個幻想的整個過程：

「如果在湖邊那段遭遇之後九個月，妳真的有了妊娠，這個就是妳不小心『失足』的產物，所以，妳在自己的潛意識裡，肯定對發生這樣的事情感到悔恨不已。換言之，妳已經把自己潛意識中的這種想法修正了，隱藏在那個妊娠幻想背後的是，在那個遭遇裡，有與性相關的某事發生，(註16)也就是說，妳在那個遭遇裡遇到了從百科全書裡學到的那些事情。所以，妳應該明白，其實妳並沒有因為那個遭遇而停止自己對 K 先生的愛，這份愛一直保持到如今。只不過妳沒有意識到而已。」

註16　處女膜破裂的幻想與 K 先生有一定的關係，而我們也慢慢瞭解到，夢的這部分為什麼包含了湖邊遭遇的題材——也就是她的拒絕、兩個半小時、樹林和 L 地的邀請。

杜拉對這種說明不再反駁。^(註17)

目前為止，已經費了兩個小時在第二個夢的解析上。當第二次分析接近尾聲，在我對結果表示非常滿意時，杜拉用一種非常輕鬆的語氣說：

「噢！真相大白了嗎？」

我因這句話而盼望可以再次找到新線索。

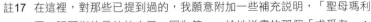

註17　在這裡，對那些已提到過的，我願意附加一些補充說明，「聖母瑪利亞」明顯指的是杜拉自己。因為第一，給她送畫的那個「求愛者」；第二，藉著母親式地照顧Ｋ先生的小孩們，繼而得到他的愛情；第三，儘管她還是個處女，但她已經有了小孩（這是妊娠幻想的直接暗示）。而且，帶有性罪惡感的少女心中，最常有的意念就是「聖母瑪利亞」，杜拉就是如此。我是在大學的精神病診療所工作的時候，才開始聯想到這種關係的。那時，我碰到過一個有幻覺的精神錯亂症病人，未婚夫對她的斥責是她發病的原因。

若繼續分析下去，可能會發現杜拉渴望做母親的心理，是對她行為產生影響的一個曖昧卻有力的動機，即由滿足對性的好奇心所導致的。在百科全書裡，她所看到的題材也許是懷孕、妊娠、處女、性等等。杜拉在敘述夢境時，忘記了夢裡第二個情況中的一個問題。這問題是：「某先生是不是住在這個地方？」或「某先生住在這裡？」這其中一定有些理由，導致她忘記這看起來無邪的問題。這理由好像是因為她的姓氏本身，這個姓指稱一個對象，且實際上超過一個對象，所以，可說它是個「模稜兩可」的字。不巧的是，我無法指出這名字，並且把該字是怎樣巧妙地指稱某種「模稜兩可」而不恰當事物的過程顯示出來。

夢的另一部分類似情形可支持這種解析。杜拉姑母的死，讓那一部分的題材得以衍生（「他們早已到墳墓去了」），而她姑母的名字也有些相似的戲法。由於百科全書上沒有記載，因此，這些「不恰當的字眼」的對象，好像一種第二個且是口頭的知識來源。Ｋ女士就是這種來源。這樣的話，杜拉最不追究的人就是Ｋ女士了，但她對其他人卻非常仇視。在揭發幾乎無止境的對象轉移作用之後，一種簡單的因素終於被看穿，也就是：對Ｋ女士，杜拉有著根深蒂固的同性戀心理。

真相大白：杜拉忽然間停止了治療

如果面對杜拉最初的拒絕，他不在乎，並且繼續用毫不猶豫的熱情向她示愛的話，也許結果就會變成杜拉因他的愛，成功克服了由自己內心的嫉妒而產生的衝突。

　　杜拉在第三次分析的時候說：

　　「今天是我最後一次到這裡來，你知道嗎？」

　　「妳沒告訴過我，我怎麼會知道呢？」

　　「是的，本來我想在這裡繼續治療直到新年為止，不過，現在我不想再等下去了。」

　　「妳知道，妳有在任何時候停止治療的自由。但是，今天我們還是要繼續進行工作。妳什麼時候作出這個決定？」

　　「我想，是在兩個星期以前。」

　　「真的和女僕或女家庭教師很像——兩星期的預警。」

　　「在我到達 L 地湖邊作客的時候，有一位女教師的確曾經警告過我，與 K 家在一起小心一點。」

　　「真的嗎？妳從來沒有告訴過我那件事。那麼，現在告訴我吧！」

　　「好吧！有個年輕的女人——她是孩子們的家庭教師——在那個家裡，她對待 K 先生的行為非常奇特。她從不對他道早安，從不回答他的問題，也從不拿給他他所要的東西，總之，就是把他當空氣一樣。所以，他對她也非常不客氣。她在湖邊那段遭遇發生之前一、兩天，曾把我叫到旁邊，說要告訴我一些

話。她對我說，有一次，K女士出門幾個星期後，K先生曾向她『進攻』，他粗魯地對她求愛，並請求她同意，他說在他太太那裡，他什麼也得不到等等。」

「噢！這也就是後來他向妳求愛，卻被妳打耳光時所講的話。」

「是的，她屈服在他腳下，但是，沒多久，他就對她不再關心了，所以，從那時候起，她就開始憎恨他。」

「所以，這位女教師給妳提出了警告？」

「不，她只不過是暗示。她對我說，當她發現自己被遺棄的時候，她把真相告訴父母。她的家族是德國某一地方的望族，她的父母要她立刻遠離那個地方，但她卻沒有這樣做，所以她的父母寫了一封信給她，不再提供任何幫助，她也因此再也沒回家了。」

「她為什麼不離開呢？」

「她說，她想多等待一段時間，看K先生會不會回心轉意。她說，她已經無法再忍受下去了，如果依然沒希望的話，她就會提出警告，然後離開這裡。」

「結果她做了什麼呢？」

「我只知道她走了。」

「她有沒有生孩子？」

「沒有。」

所以，這裡提供了一個解決問題的答案。於是我告訴杜拉：

· 雙性人

奧德·奈卓姆（Ｏｄｄ
Ｎｅｒｄｒｕｍ），1992-1996年，畫
布、油彩，200×210公分。

少女杜拉既愛戀著父親、Ｋ
先生，同時又戀著Ｋ女士，
年幼時，她還認為自己與哥
哥一樣。在這個少女最私密
的心理深處，還藏著雙性性
徵的願望。

・無意識的對手

阿爾瑪・泰德瑪，1893年，
畫布、油彩，45.1 × 62.8公
分，布里斯托市立博物館畫
廊。

K夫人是杜拉對父親和K先
生的競爭對手，杜拉卻違反
常情，與K夫人十分親近。
就像泰德馬這幅畫裡的兩位
古羅馬婦女，她們親密的情
誼，掩蓋了她們尚無意識的
競爭關係。

·陽臺

德爾沃，1948年，畫布、油彩，120 × 90公分。

少女對成年女性的窺探，就像杜拉對待 K 女士的態度，她妒嫉 K 女士和父親的私情，又對她充滿好奇和親近的願望。

「現在，我知道為什麼妳用耳光去回報 K 先生的求愛了。妳並不是因為他的企圖而生氣，而是由於嫉妒和報復心理作祟。當那個女教師把她的故事告訴妳的時候，妳依然可以異常鎮靜地拋開不舒服的感受。不過，當 K 先生說：『從我太太那裡，我什麼也得不到』時——他曾經對那女教師說過相同的話——妳便受不了了。妳心裡在想。『他竟然像對待一個家庭教師、一個女僕那樣，對待妳呢？』受了傷的自尊心，再加上嫉妒，以及其他各種人之常情——那已經足夠了。」^(註18)

讓我提醒妳去注意，在妳的夢境和舉動中曾把自己比作女教師的幾個情況，以此證明女教師的故事帶給妳的刺激有多深——妳把所發生的事（目前這事實我們還沒能解決）告訴妳的父母，這就與那個女教師寫信給她父母親是一樣的；妳把一個『兩個星期前的警告』給了我，這也和那位女教師一樣；妳在夢中收到的信，與那位女教師收到父母給她的警告信是一樣的。」

「但是，我為何沒有立刻告訴我的父母呢？」

「妳忍耐了多久？」

「7 月 1 日發生那段遭遇的，而我大約是在 7 月

註18 杜拉也許曾經聽她父親像這樣抱怨自己的太太，與我自己曾聽過他這樣說過一樣，這是有效果的，對於那句話的意思，她很明白。（意指「從太太那裡我什麼也得不到」這句話）

14 日告訴母親的。」

「這麼說，又是兩個星期時間——這是從事服務工作者的特定時間，我現在可以回答妳的問題了。妳非常瞭解那個可憐的女孩子，由於她還抱著希望，期待著 K 先生的回心轉意，因此她不想立刻離開那個地方。和她一樣，妳的心裡也存著希望和期待。妳之所以等了那麼長的時間，就是想看一看他會不會再次做出求愛的舉動。要是他做了，那麼，妳將覺得他是真心的，而並不是存心耍弄妳，就像耍弄那個女教師一樣。」

「他在我離開他幾天以後，寄來了一張風景卡片。」[註19]

「是的，但是在這以後，他就不再有其他表示了，所以妳決定報復。我可以想像，那個時候的妳還存有一種替補的想法，企圖藉由妳的這種報復行動，讓他再一次來到妳住的地方。」

「實際上，當初他的確有這樣的想法。」杜拉插嘴道。

「這樣的話，正好可以滿足妳對他的期望。」這時，讓我意外的是，她居然點頭了。「為了符合妳的要求，可能他答應做某種改變。」

「改變什麼？」

「實際上，我開始懷疑，與妳到目前為止所承認的比起來，妳和 K 先生的關係還要嚴重些。K 先生不是常常和 K 女士提到離婚嗎？」

「是的，的確是這樣。一開始為了孩子，她不同意。但現

註19 在杜拉夢中的第一個情況裡，與那位年輕工程師有關的那一點，隱藏在杜拉本身的形象背後。

· 天使的探戈

梵唐金（Kees van Dongen），畫布、油彩，1935年，180 × 240公分，摩納哥新國家博物館。

似夢似幻的畫面，天使與美女的探戈，也許在很多少女的幻想中出現。杜拉最初也許是愛K先生的，但K先生以同樣的方式對待她和他的家庭女教師，又使杜拉難以接受。作為一個成年男性，K先生對待女性的態度，使他在這個少女的心中，就像這個畫中的天使一樣神秘而難以理解。

在卻變成她願意，而他不願意了。」

「難道妳沒有想過，他之所以想和太太離婚，是因為他想要和妳結婚嗎？但現在他不想離婚了，是因為沒有取代她的對象？兩年前的妳真的還太年輕。但妳會對我說，妳母親訂婚時也才 17 歲，而且等了兩年就結婚了。女兒經常把她母親的愛情故事當成榜樣，所以，妳也要等他，而且妳覺得只要妳長大成人了，他就會娶妳為妻。[註20] 我想，這是妳心裡所設想關於自己最大的計畫。

事實上，妳心裡仍不確定 K 先生是否真有這樣的想法，妳把很多妳自己推測的他有這種想法的事告訴了我。[註21] 他在 L 地所做的舉動，與這種看法好像也不衝突。妳畢竟沒讓他把話說完，所以也不知道他到底想對妳說些什麼。這件事本來不是沒有可能的。妳父親和 K 女士之間的關係——而可能就因為這個原因，讓妳得到了一種鼓舞——讓 K 女士同意離婚的要求變成了可能，而妳也能夠讓父親答應妳做任何事情。

是的，在 L 地的那段遭遇如果不是那樣發生的話，這將會是發展出來的唯一結果。所以，我想，那就是為什麼妳對實際發生的情形感到強烈的後悔，並且在幻想裡以盲腸炎的形式代替出現。因此，妳對 K 先生控訴的結果，並不是他再一次向妳

註20　夢裡的第一個情況中，也出現了等待目的達成的主題。我發現，該情況第一部分的因素，存在於這等待未婚夫的幻想中。我已經在前面提到過該部分了。

註21　特別是那一年，他們住在 B 城過耶誕節，他在送杜拉一個信盒時所說過的話。

‧馬爾塞拉

克爾赫納，1909年，畫布、油彩，76 × 60公分，斯德哥爾摩現代藝術美術館。

畫中的少女顯得有些放肆，還帶有一點勾引的妖氣。這危險的妖氣，令人立刻想到杜拉的「妖氣」，她認為K先生和太太離婚就是為了和自己結婚，彷彿少女是一切秩序的敵人，理性的叛逆。

表達愛意，而是以否定與傷人的語言回答時，這肯定會變成妳希望結束後的痛苦。

再沒有比覺得妳只不過是在幻想著湖邊那段遭遇更使妳生氣，這一點妳是同意的。我現在開始明白——而這也正是妳不願意記起的——實際上，妳深信K先生的求愛是發自真心的，除非妳嫁給他，要不然他是不會甘休的。」

杜拉一反常態、沒做任何辯解地聽我說話，

・樂園

波希，約1500年，木板、油彩，中間幅220 × 196公分，兩側各220 × 96.5公分，馬德里普拉多美術館。

人性與精神中的天堂地獄都是非理性的，這一點也許只有藝術家和瘋子最清楚。天堂不一定善，地獄不一定惡。波希是對達利和超現實主義影響最大的古典大師之一。他在1510年就闡釋出人類心理的複雜面，在本書中，佛洛依德也自認為是最堅定地與被魔鬼附身者搏鬥的人。

她好像被打動了。她非常溫和地給我說拜拜，還祝福我新年快樂——但從那以後就再沒來過。後來，她的父親拜訪過我兩、三次，並向我保證她還會再來，說她也非常願意繼續進行治療。但是，杜拉的父親一直都不是一個完全坦誠相見的人。他說，只要我可以「說服」杜拉，讓她放棄他和Ｋ女士的關係是超友誼的想法，他就會對這個治療支持到底。但他在知道那不是我的目標之後，很自然地，他的興趣就消失了。

我知道杜拉不會再來了，她在我治療成功的希望最濃的時候，出人意料地突然中斷治療，她讓這希望變成了無望，這無疑也是她的一個報復舉動。她自我傷害的目的，也是通過這樣的舉動而成功的。再沒有哪個人和我一樣，祈求和附於人身上最邪惡的魔鬼打交道，並藉由對它們進行分析與之搏鬥，並且還能指望不受傷的。

如果我自己也參與到裡面去，如果我把她繼續治療的重要性誇大，並且把一種我個人的興趣顯現在她面前——這種情況下，即便我是她的醫生，也會漸漸變成她所渴望得到的愛情的代替品，這樣做，也許我可以讓那個女孩繼續接受我的治療。

我不知道這樣做是不是明智之舉。在所有病例

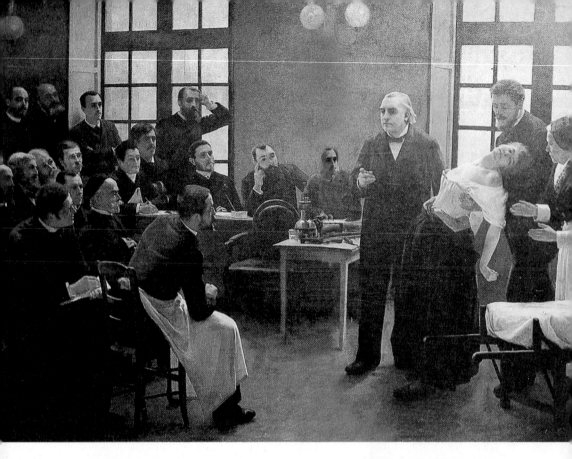

・夏爾科的診斷課

布魯葉，畫布、油彩，1885
年，里昂平民收容所博物
館。

夏爾科站在一個神經緊張、
全身緊繃的女病人旁邊，給
在場的聽眾分析這個病例。
夏爾科是現代神經病學的創
始人，曾指導過佛洛依德，
對其潛意識中性本能決定論
的形成產生了巨大的影響。

裡，既然抗拒作用因素裡的部分原因始終不是很清
楚，那我就應該避免參與進去，而且，我對自己在
實際治療中所實行的、比較謙虛的心理學藝術，一
向都還是比較滿意的。雖然一個醫生在理論上的旨
趣和努力是濟世救人，但我依然認為，心理學影響
力的應用程度是應該有一定限度的，所以，我非常
尊重病人的意志與想法。

　　K先生如果知道杜拉打他一耳光，並非代表對
他的拒絕，而僅是那剛被引發出來的嫉妒心的一種
顯示，她的強烈感情依然是屬於他的，我不曉得

．捉鮑魚

喜多川歌磨，日本浮世繪。

線條表現出的肉體與色塊不同，顯得更飄逸，抽象。豔情浮世繪在日本繪畫中有很高的技巧水準，雖然其師承是中國繪畫的唐風宋骨，但後來卻自成一家。喜多川歌磨生活在 18 世紀末的日本，他這幅畫線條柔和而嬗變，魚實際上是性的象徵。但他的繪畫一直影響到包括印象派在內的很多西方畫家。東方人的性觀念其實並不像想像中那麼保守，尤其古代，雖然封建禮教在官方的宣傳上壓抑著婦女的自由，但民間還是有透氣的地方，色情小說、春宮畫、春藥都相當盛行。

他是不是可以做得好一些。如果面對杜拉最初的拒絕，他不在乎，並且繼續用毫不猶豫的熱情向她示愛的話，也許結果就會變成杜拉因他的愛，成功克服了由自己內心的嫉妒而產生的衝突。但另一方面，我又會想，她全心全意以求報復他的欲望，也許可以獲得滿足。

在內在動機的衝突之中，她的決心會傾向哪邊，這是很難推測的，她會傾向於潛抑作用的解除，還是傾向於潛抑作用的加強，我們是很難去斷定的。因為心理症最基本的因素之一，就是不能真正滿足一種實際的性欲需要。心理症患者被介於真實與幻想之間的衝突所主宰，如果他們在幻想中最渴望的東西，可以從真實世界裡得到，那麼，他們

· 夢的解析

路德格·海塞，1983年，畫布、油彩。

佛洛依德在《夢的解析》一書中提出，夢是「通向無意識認知的康莊大道」，是以一種雜亂無序的形式表現出的強烈性欲。這是一位當代畫家試圖用近乎夢魘的怪異畫面來詮釋佛洛依德的理論。

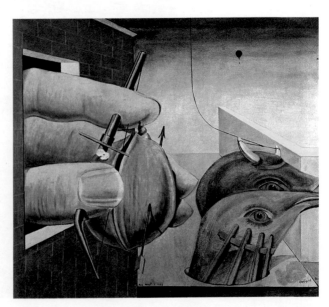

將從心理症的處境裡逃出來；但另一方面，他們也非常容易逃避到那完全不可能成真的幻想國度裡去，不必再因它們能否在真實世界裡實現而感到恐懼。

可是，潛抑作用所築成的圍牆，在一陣為現實因素所激起的猛烈情緒暴發之下，可能會因此而崩倒，換言之，心理症是可能被現實所征服的。不過，我們並沒有方法可以去推測出，什麼樣的人或情形能被這種因素所主宰。 (註22)

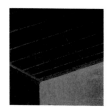

註22　關於夢的結，雖然是不可能徹底地被解析而加以合成，但我要在說明上再加上一點，她想報復父親的幻想是夢裡十分突出的一點，這非常特殊。（她離開了家，父親因此而生病，還死了……接著她回到了家，其他人也早就到填墓裡去了。她回到自己的寢室，沒有絲毫的悲傷，而後開始安詳地翻閱百科全書）

這部分材料也包含了她另一個報復行動的兩種隱喻，她曾經故意讓父母看到她所寫的永別信（這封信——在夢裡是母親寫給她的——提到姑母這個她模仿對象的葬禮）。她報復K先生的念頭，隱藏在這幻想背後（所有這些都取材自L地所發生的事——即女僕、邀請、樹林、兩個半小時等等）。有關那個女教師、她與父母溝通的信件，都和她的永別信有關係，也和夢裡那封批准她回家的信有關係。她不讓別人陪她，還有她決定一個人走，也許能夠做這樣的解釋：既然你像對待一個女僕那樣待我，我就決定不理你了，我開始走自己的路，不想結婚了。

把這些報復的想法排除之外，還能夠在其他地方把杜拉潛意識裡對K先生的愛所導致的幻想之蛛絲馬跡找出來。（「我會等著你直到你娶我為妻的時候」、處女膜破裂、妊娠）最後，我們會把第四種、也是最深藏的一組念頭找出來——那些與對K女士的愛情有關——她是從男人的眼光來看那個處女膜破裂的幻想這個事實（她把自己假想為那個在外國追求她的年輕工程師），指涉模棱兩可的言語明顯地在兩個地方出現過（某某先生住在這個地方嗎？）和她性知識（百科全書）來源地的事實。——在這夢中，殘酷和虐待的傾向得到充分的滿足。

第五章

後　記

　　這篇論文僅是對一個夢進行解析的部分，讀者將會發現它比想像中還要不完整。所以，我覺得我應該為省略的部分（絕不是偶然省略的）找點理由。

　　本病例分析的部分結果，之所以被我省略掉，是因為在分析工作突然中止時，這部分結果不是還未得到證實的充分理由，就是還需深入研究。可是另一邊，我已經在一些可能的地方，指出某些特殊解答可能存在的線索。

　　我在這篇論文裡絕不討論技術上的問題，但是，卻可通過該技術的方法，把潛意識思想裡的可貴純金，從病人聯想的種種粗糙原料中提煉出來。不過，對讀者來說卻是不好的，這樣的話，讀者便失去了測驗我分析此病例步驟正確性的機會。但是，我發現這是很不切實際的——如果去同時處理分析的技術與歇斯底里的內在結構。我沒有辦法完成這樣的工作。如果我可以的話，其結果將是讓人沒有辦法閱讀。

　　分析技術需要一個完全獨立的說明，這種說明一定要採用從許多不同病例裡所選取的無數例子的方法，而且還要考慮由個別病例裡獲取結果。在這篇論文裡，作為我描述精神現象的理論基礎的心理學假設，我也不會去試圖加以證明。這是沒有任何意義的——粗率而簡單的嘗試；但是，完全徹底的嘗試本身，就已經足以寫成一本書了。

所以，我研究心理症時，並未投入任何心理學體系，在這裡我只能向讀者作出這樣的保證，因為我一直在我的分析過程中轉變自己的看法，一直到它們對所收集到的事實可以作出適合的解釋為止。我不會因為不曾做任意猜想而感到驕傲，我的理論所依據的資料，是經過廣泛與細心觀察而收集來的。

由於我處理潛意識念頭、潛意識想法，以及潛意識情緒趨向的態度，就好像認為它們比意識層面更具價值，所以，也許我對潛意識問題所抱的堅決態度，很容易引起別人的反感。但無論哲學家怎樣忠告，我都堅信，不管是什麼人，只要是擁有使用同樣方法、觀察同樣現象的機會，一定會和我站在相同的立場上。

· 春日消閒

詹姆斯·提索，1865年，畫布、油彩，90.2 × 127公分。

美麗的春日景色，湧動的勃勃生機，但這些都不能驅散少女們眼中的迷惘和淡淡的抑鬱之情。中產階級無聊而空虛的生活，經常導致各種奇怪心理疾病的滋生。出身於中產階級家庭的少女杜拉，自然也不能避免這樣的痛苦。

· 浪子生涯：浪子淪落
瘋人院

霍加斯，1735年，畫布、油
彩，62.5 × 75公分，倫敦索
恩爵士博物館。

據法國思想家米歇爾·傅科
（Michel Foucault）分析：17
世紀以來，歐洲產生了大量
的禁閉所、瘋人院、教養院
與監獄，來管制精神病人，
但越管制他們越瘋。其中包
括像薩德（Sade）這樣的
作家，也包括像賀拉斯「浪
子」這樣的普通人。這個瘋
人院裡的人互相鄙視、嘲
笑，模糊的筆觸讓畫面看去
好像是透過淚水的攝影。佛
洛依德心理學發明和傳播以
前，人類還不能正確區分貧
窮、幻想、特殊經歷、疾病
和瘋癲之間的正確關係。

有些同事認為，我的有關歇斯底里的理論純粹
是歸於心理學的，並且他們為了這個理由聲稱，此
理論無法解決病理學問題。但是，不容置疑的，通
過本論文，他們將發覺自己的反對看法是由於忽視
了治療技術的特徵，因而把我所使用的方法誤作為
理論本身。

治療技術本身確實是純心理學的，不過，雖然
這種理論未曾探索其病理與解剖學上的變化，並且
以器官功能的觀念來取代目前我們尚無法瞭解的化
學上的變化因素的理論，但它卻從未忘記指出，心
理症有器官性的原因。

也許沒有人會否認性功能具有器官性因素，但
我卻認為，歇斯底里就是性的功能，也就是一般心
理症的源頭。是否有一種有關性生活的理論，能避
免假設某種具興奮作用的「性物質」的存在，對此
我很懷疑。是的，我們在臨床醫學上所遇到的臨床
病例裡，那些由慢性毒物所引起的中毒現象或禁戒
現象，與真正的心理症最為相似。

但是在這篇論文裡，我還沒詳細討論有關「身
體的配合因素」，性錯亂的童年雛型、性欲產生
區，以及我們很早即具有的雙性傾向。我只是讓大
家在我所進行的分析治療中，留意所接觸到的器官
性因素。一份病例分析就只能做到這樣了。再者，
避免對這些因素作草率的討論，我是有充分理由
的。我將保留這個機會，以後再對那些豐富的分析

· **武器**

索德克攝於20世紀八〇年代。

佛洛依德認為，性是開啟心理病症難題之門的鑰匙，因為性是人類心理疾病的根本癥結所在。在當代藝術作品中，性已經成為最具表現力的題材之一。豐乳肥臀的女人在習慣性地搔首弄姿，而男人則揮舞匕首沉醉在自我想像的勇氣之中。這是捷克攝影家索德克（Jan Saudek）題為「武器」的作品，它滑稽而不失尖刻地表現出兩性世界的尷尬。索德克在西方極受推崇，他對照片後期的染色處理尤為出色，使其作品具有油畫般的效果。他的攝影極端性表現得非常強烈，尤其對兩性之間的存在狀態表現得最為深刻。

· 有抽屜的米羅維納斯

達利，1936-1964年，銅鑄塗色，98 × 32.5 × 34公分，私人收藏。

達利與別的超現實主義者不同，他沒有受到第一次世界大戰的衝擊，也沒有經過達達主義時期，他是超現實主義絕對的天才。正因為如此，他既是抽象的，也是古典的。他為維納斯的肉體加上抽屜，因為女人的心理是可以永遠翻弄尋找的，但其中的奧秘只屬於像佛洛依德那樣能夠發現抽屜的人。

研究結果作更深入的報告。

儘管本論文還不是很完整就出版了，但我還是想說明一下我的兩個希望：

第一，我希望能夠為我的《夢的解析》一書作補充（在對本論文兩個夢進行分析的過程裡，那本書中所論及的夢的解析技術，無形當中被派上了用場）——藉著展現一種藝術怎樣把精神生活中被潛抑與隱藏的部分成功地發掘出來。

第二，針對一些現今科學仍然完全忽視的現象，我希望激發人們的興趣，只有通過特別的分析方法，這依些現象才能弄清楚。所有人對歇斯底里心理問題的複雜性都沒有正確的解釋，就像完全不相同的心理趨勢的毗鄰，互相矛盾的意念所表現出的相互依賴，以及潛抑作用和替代作用等等。對此我非常確信。

珍妮特（Janet）強調，形成病症的原因是「執著」，但這也只不過是一種很不權威的簡單說明。更何況，我們無法確定，當伴隨一些激情的意念沒有辦法進入意識時，那些激情相互之間肯定有不一樣的作用與趨勢，而且，它們表現的狀態，也肯定與那些被稱作「正常」的激情、那些伴隨能夠為我們意識到的意念所顯現的激情不一樣。一旦清楚這點，那麼，理解那種把前者轉換成後者、用以解除心理症狀的治療方法，將不再是非常困難的事情了。

性，並不只是如「天降之神」般突然出現在某一場合裡，它還要介入到歇斯底里的作用過程中去，並且它還得給每一症狀提供得以產生的動機勢力，對這點，我想更深入地說明一下。

· 安吉利卡與隱修士

魯本斯，1474-1533年，畫布、油彩，維也納藝術與歷史博物館。

衰老的修士揭開遮蓋著女人胴體的輕紗，面對雪白的肌膚、大腿和乳房，衰老的人類對性的憂傷和崇拜，以及對流逝青春的懷念溢於言表。

病的症狀，僅僅只是「病人的性活動」。單一病例當然無法證明這樣普遍的定理，但我屢次在分析治療中發現，性是一把打開心理症難題之門的鑰匙。輕視這把鑰匙的人，肯定是無法打開那扇門的。我本來指望著通過等待，可以得到試圖把該定理駁倒，或限制其適用範圍的研究者之提問。不過，到今天為止，我所聽到的，都只是一些出於個人的偏見或不相信的反對意見。

我在這本書裡所發表的病例與治療片斷，並沒有真正企圖顯示精神分析治療的價值。不僅是因為治療的時間不長（不足三個月），另一方面，也由

於伴隨此一病例而來的因素，對病人的好轉起了阻礙作用，以致於即使差不多已經康復，病人和其親屬不像其他病例一樣會坦承有好轉的跡象。在症狀是由其完全依賴性所引起的內在衝突來維持的情況中，可以得到這種令人滿意的結果。在這樣的病例裡，病人症狀的好轉和其精神狀況，與病態轉入常態的程度是成正比的。在症狀被外在動機所利用的時候，就像前兩年杜拉所發生的那樣，那麼，病況的進展將大大不同。

讓人驚訝的是，雖然病情在分析之下大有好轉，卻始終沒有明顯的變化，這種情況肯定很容易讓人誤解，但是，實際病情並不像表現出來的那麼糟。在治療過程中，症狀的確沒有消失，但一小段時間之後，它們在病人與醫生關係消解的時候消失了。由此可知，痊癒或好轉或拖延的決定者，是醫生本人。

為了說得更加明確，我必須回溯一下。新症狀的形成，在精神分析治療期間總是被阻止。不過，心理症產生的力量永不消失。它們做一種特別的精神結構的創造工作，當中大多數是潛意識的，這種情況我們可以把它命名為「轉移關係」。

那麼，「轉移關係」是什麼呢？

在分析過程中，它們是被喚起繼而深入心理傾向的新生或重現和意識的幻想，它們具有以醫生本人來替代以前某人這樣的特徵。也就是說，要喚醒一部心理經驗的整個系列，不僅僅只是歸於過去的，而且對目前的醫生也適用。

有些轉移關係的內容，雖然代替的對象不一樣，但它們的模式是相同的。它們只是新的拷貝或新的翻版，當中的隱喻依然不變。其他轉移關係的組成就比較複雜了：其內容已經過「異化作用」這種潤飾的工夫，並藉著利用醫生本人和環境某

些真實特性的巧妙，它們甚至能夠被意識所接納。這樣的話，它們就是修訂後的再版了，而不再是新的翻版。

在探究分析技術的理論下，我們很容易發現，轉移關係是一種無法避開的重要條件。種種經驗對我們說，它是沒有辦法避免的，而且像所有先前的症狀一樣，這種後面產生的病情也必須加以分析治療。但是，目前為止，在整個治療工作中，這才是最難對付的部分。

由於病人總是會自動提供資料，所以學習怎樣去解析夢，怎樣從病人的聯想中提煉他潛意識的想法和記憶，以及怎樣去練習解析的藝術，這些都是非常容易的。但是，對從病症中找出轉移關係卻絲毫沒有幫助，只可以憑藉最細微的線索去探察它，同時，還得避免不去作任何冒險的主觀判斷。由於病人會在無形中利用它來建立排斥治療的所有阻礙，所以我們無法避免轉移關係，而且，也只有在解除了轉移關係之後，病人才對分析解釋所具有的價值產生信任感。

轉移關係對精神分析是一種嚴重的不利，有些人可能會如此認為，他們覺得精神分析不管怎麼說，本身就是個麻煩，而轉移關係又讓新的精神病態出現，這樣便會增加許多醫生的負擔。再者，他們甚至由於所存在的轉移關係，而產生病人將因分析治療而受到傷害的想法。

以上兩種想法都是不正確的，醫生的負擔並不會因為轉移關係而加重，對醫生來說，這是沒有區別的，無論他必須克服的是病人和他自己，還是與其他人之間的特別傾向。同時，分析治療也不會因為轉移關係而給病人帶來新的負擔。

可以不用精神分析法去治療心理症，歇斯底里也可以說，

·佛洛依德的麻煩

插圖，史迪曼，1979年。

佛洛依德成為一個接受治療的女病人狂熱性幻想的對象。

它是藉由醫生而非分析而好起來的，而且，有一種盲目的依賴性或持久的鏈索，存在於以催眠暗示方法去除病人症狀的醫生和病人之間，這些都是事實。但是，想要找出所有這些事實的科學性解釋，就只有通過從病人指向其醫生的「轉移關係」。

精神分析治療只是使那種本就存在的轉移關係展現，它並不製造轉移關係，這與把其他許多隱藏的精神因素展現出來是一樣的。唯一不一樣的是，病人想讓自己好轉，只能自然地憑藉溫情與友善的轉移關係的幫助。要是沒有成功，他就會認為醫生「厭惡」他，決定從此不再受醫生的影響，及早地翻臉離開。

還有就是，在精神分析裡，由於病人和醫生的動機進展速度不一樣，這樣就會喚起病人包括敵意在內的所有傾向。所以，分析的目的一旦進入意識後就成功了，但轉移關係在這種情況下卻被徹底破壞了。似乎轉移關係注定會變成精神分析的一個大阻礙，不過，如果能夠察覺它的存在，並把它解釋給病人聽的話，它就會變成精神分析裡最有力的助力。

我必須對轉移關係進行討論，因為唯有如此，我才能解釋清楚對杜拉分析的特徵。它不尋常的清晰性使其很適合作為第一篇介紹性的論文，然而，卻與它最大的缺點聯結在一起，並導致它太早結束，這是該分析的最大優點。我沒有適時成功地控制住轉移關係，因為在治療過程裡，杜拉把一部分病態材料拿給我任憑處置，於是，我把注意轉移關係產生的第一跡象忽略了，這一轉移關係與另一部分病態的材料有關，但我卻把這一部分忽視了。

很顯然的，在她的想像中，我一開始就替代了她的父親位置──儘管從年齡上來看，這好像不大可能。但她常常拿我和她父親比較，正因為這樣，她一直試圖想要證實我對她是否很直爽，因為她的父親「老是愛含蓄地繞圈子」。但是，當出現第一個夢，也就是她在夢裡警告自己最好停止接受我的治療，就像她以前離開 K 先生那樣，我自己應該注意到這個警告。我應該這樣告訴她：

「如今妳已經把和 K 先生的關係轉移到我身上了。難道妳發現了什麼，讓妳懷疑我有 K 先生那種不良企圖（無論是直接的或含蓄的）的東西了嗎？或者妳因為我的某樣東西而感動，再或者，我擁有什麼引起妳幻想的東西，如同 K 先生和妳以前

·病衰

亨利·皮奇·魯賓遜攝於
1858年。

這是攝影剛誕生的初期，由
5 張負片印成的複合蛋白照
片。由美國攝影家魯賓遜在
1858年創作。幾乎是杜拉一
家關係的寫照。病榻上的杜
拉對身後的 K 女士說：「我
知道妳和我父親有段情」。
後者默認，而窗前的父親與
對面的母親都諱莫如深。

發生的事相同？」

那個時候，她的注意力肯定會轉向我和 K 先生
之間相聯繫的某些細節，又或者是在我本人或我的
環境某些細節後面，隱蔽著與 K 先生有關、相似而
且十分重要的東西。在這轉移關係被消除以後，分
析就可以更深入地在新的回憶裡找到，事情真相有
可能就會被揭露出來。

但我卻忽視了第一個警告，我想，既然還沒有發
展出更深入的轉移關係，而且還有很多分析材料沒
用到，我還有充分的時間可考慮。這樣的話，我便把

轉移關係的進行忽略了，又因為我讓杜拉想起了Ｋ先生的影響力量作祟的結果，所以她對我進行報復，這與她報復Ｋ先生是一樣的，而且她還要把我拋棄掉，如同她覺得自己已經被Ｋ先生欺騙和拋棄一樣。

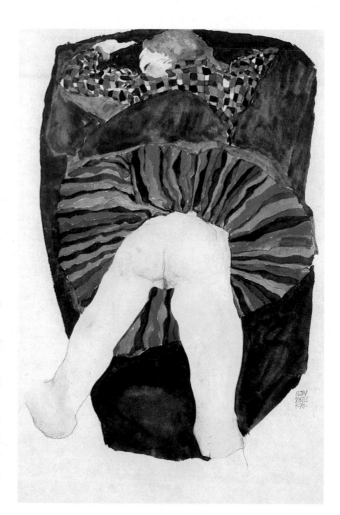

・俯臥的兒童

艾根・席勒，1911年，水粉畫，美國個人收藏。

佛洛依德對少女情節大膽而深入的剖析，對藝術產生了巨大的影響。文藝復興時期及其之後很長的一段時期，出現在藝術作品中的裸體全部是成年女性、對女性兒童性器官如此張揚露骨的描寫，顯然是佛洛依德之後的事情。

·奢華、寧靜與愉悅

馬諦斯，1904年，畫布、油彩，98 × 118公分，巴黎奧塞美術館。

作為野獸派的創始人，馬諦斯這幅畫幾乎像中國潑墨人物畫一樣，省略了多餘的細節，用最精鍊的線條表達出女人的肉體美，甚至如同性歡樂的激情。這一點只有古代埃及壁畫可以與之媲美。佛洛依德關於杜拉的故事，雖然分析的只是一個局部的、側面的少女從病態到痊癒，從抑鬱到健康的過程，但卻完整勾勒了全部女人在性潛意識下複雜的精神世界。

　　所以，在治療過程中，她把她的回憶與幻想中基本的一部分「實行」了，而不再僅僅重複她的回憶和幻想。我到底給她什麼樣的影響力量？我自然是不清楚的。這和錢有關嗎？或者和嫉妒另一位在痊癒後跟我的家庭保持聯絡的病人有關呢？對此我很懷疑。轉移關係如果可以在分析的早期出現，那麼，就算分析的進展會受到滯阻繼而變得模糊，但它的存在卻較能阻止突然而無法克服的抗拒作用的發生。

　　有幾個清楚的轉移關係的暗示，存在於杜拉的第二個夢裡。這一點，我在她講述夢的時候一點也沒有意識到（直到兩天以後）。後來我們的治療時間僅剩下「兩個小時」了。「兩個小時」，是她站在「聖母瑪利亞」畫像前欣賞的時間，並且（把兩個半小時改為兩小時）也是她在湖邊散步剩下路程的時間。

　　夢中的努力和等待，與那個在德國的青年有關，但其原因則和她等待 K 先生來娶她密切聯繫，幾天前所顯示的轉移關係已經把這種情況表現出來了。她覺得，對她來說，治療的時間太長了，她沒有再等下去的耐性了。但是，在最初的幾個星期裡，我就對她說過，也許要一年時間才可以完全恢復，對此她一點都不在意。在夢中她拒絕別人陪伴，情願自己一個人走，這也是由她訪問德勒斯登的畫展所導致的，而在那一天，我自己也遭到她相同的拒絕。

　　這代表著什麼呢？

　　肯定的是，「男人都是非常討厭，我情願不結婚。這就是我的報復行動。」[註1]

　　在病人日常生活中，報復的動機和殘酷的衝動，已被當作維持她症狀的力量。在治療的過程中，如果在醫生還沒有精力

找出起因而把它們解除以前，就轉移到他身上的話，那麼，病人的症狀肯定不會對他的治療產生反應。病人想要報復醫生的話，那麼還有什麼比醫生拿他沒辦法、不知從何下手還更有效果？但是，我不想自貶我對杜拉治療的價值，即使只是些片斷。

關於病人的情況以及我的治療效果的消息，我是一直到本病例停止治療 15 個月，並且本論文的草稿完成後才得知的。有一天，也就是 4 月 1 日（對她來說，時間從來都是隱含著意義的），一個具有特定意義的日子，杜拉再次來拜訪我，來把她的故事結束，她請求再幫她一次忙，但是，我由她臉上的表情得知，她對此已經不再熱衷了。

停止治療約有四、五個星期之後，她始終是「一團亂」，接著，病發作的次數就減少了，她的精神開始漸漸好轉，這是一個非常大的進步。K 家的一個小孩在那年的 5 月死了。藉著他們喪子的機會，她去慰問他們，而他們像三年來彼此未發生過任何事一般地接待她。她對他們進行了報復，她獲得了補

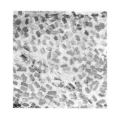

註1　停止這個分析的時間愈長，我愈感到這個疏漏是我的技術上的錯誤之源——我沒有及時找出並告訴病人，在她的精神生活中，她對 K 女士的同性戀是最強烈的潛意識趨勢。我早就應該推測出，K 女士才是她性知識的主要來源——後來在指責她的時候，K 女士總是假裝不知道的性知識從何而來，這些跡象真的是太引人注意了。我早就應該把這個謎推敲出來，並把這樣特別的潛抑作用的動機找出來。如果我早這樣做，我就可以在第二個夢找到答案，那夢所顯現永不後悔的報復欲望，非常適合用於隱藏與它相反的感情——她原諒了她最愛的朋友，並為這個朋友的隱私保密。我常常在治療中陷於毫無進展之境，或發現自己處於完全的困惑之中，在我瞭解心理症患者所有的同性戀趨勢的重要性之前。

償，她自我安慰，自圓其說。

「我知道妳和我父親有一段情」，她對Ｋ女士這樣說。Ｋ女士沒有否認。她也從Ｋ先生那裡瞭解到，他湖邊那段遭遇中確實懷有不良企圖，接著她對父親說了這個雪冤消息。從此，她不再與Ｋ家有任何聯繫。

在這之後，她的生活開始正常起來，但她失聲的毛病到 10 月中旬又發作了，而且持續長達六個星期。我對此感到非常吃驚，問她是否受到過什麼刺激，她對我說，一種劇烈的害怕伴隨著發作而來，她看見有一個人被車壓死了，後來，她知道發生意外的人正是Ｋ先生。有一天，她在街上遇到他，後來他們相遇在一處交通頻繁的地方，他在她面前站著發呆，就在他失神的時候，車子撞倒了他。但他沒受什麼傷，這一點她確信。

另外，在她聽到別人提起父親與Ｋ女士之間關係的時候，她還是會有一點點激動，但是，除了這個以外，她沒有任何其他的反應，她把精力放在自己的工作上，連結婚的念頭都沒有了。

她接著對我說，她來我這裡是為了自己右邊的顏面神經病，如今她正為此日夜受苦。「多長時間了。」「剛好兩星期。」我忍不住笑了出來，因為我可以肯定，她恰恰是在兩個星期之前，在報上看到一則與我有關的消息（這是在1902年），對這個事實，她承認了。所以，實際上，她所謂的顏面神經痛就是一種自我懲罰，她曾經給過Ｋ先生一記耳光，對此非常後悔；對於把報復的情緒轉移到我身上來，她也感到後悔。她想要我給她怎樣的幫助，我不太清楚，但是對於上次她不給我徹底治癒的機會，我答應原諒她。

　　這次會面過後，又過了幾年。那個女孩子在這段時間裡已經了結婚，而且，是的，除非所有跡象都是哄騙我的，她嫁的對象是那位在德國的年輕工程師——在分析第二個夢時，被她聯想到的那個年輕人。這就像第一個夢顯示她離開所愛的男人回到父親身邊——也就是說，從健康的生活潛入病裡——第二個夢也表明了同樣的東西，她要擺脫父親重新回到現實世界的生活裡。

附錄一

歇斯底里幻想
與雙性對偶之間的關係

　　妄想症患者的幻想造成了他的偉大或者他的痛苦，並且以一種幾乎一成不變的強制性方式反覆不停地出現，對此我們都非常瞭解。無數性變態者滿足他們性欲的奇怪方式——要麼以想像，要麼以實際行動——我們也都見到過。但是，有些讀者有可能還不知道：其實在所有的心理症中，類似的精神表現都是長期存在的，特別是歇斯底里症，而產生心理症的原因與歇斯底里幻想之間有著重要的聯繫。

　　所謂青春期的白日夢，就是所有這類幻想常見的來源和正常的雛型。對於這一問題，有一些與白日夢有關的文獻曾在某種程度上注意過，這顯然是不夠的。在兩性之中，白日夢發生的頻率有可能相等，但白日夢在少女和婦人心裡總帶著戀愛的色彩；對男人來說卻完全不一樣。它們不是帶著戀愛的，就是帶著野心的色彩。不過，在男人的白日夢中，仍然不能低估戀愛因素的重要性。在對男人的白日夢進行仔細審察之後得知，博得美人的青睞、戰勝他的情敵，是他所有英雄式冒險與成就的目的。

　　這些幻想是理想的達成，是挫折和欲望的結果。它們之所

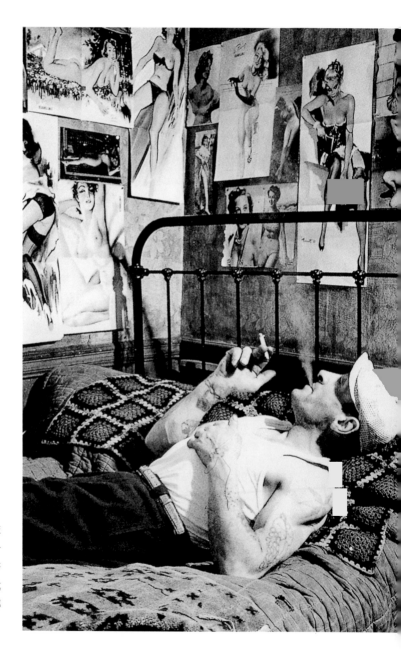

· 白日夢

R. 杜瓦斯諾攝於1952年。

碼頭工人悠閒自得地躺在床
上，目光在貼在牆上數以十
計的裸體美女間逡巡，做著
白日夢。他在夢裡的英雄式
冒險中，不知到底博得了哪
一位美人的青睞。

以被稱作是白日夢，因為它們是一把打開夜夢的鑰匙，這些白晝的幻想就是夜夢的核心，只是要再複雜些、形式也有所轉變，而且遭到了心靈意識系統的扭曲變形。

這些白日夢特意地被培養和珍惜，在一般情況下，它們都羞於見人，似乎它們是所有人最見不得人的財產一樣。但是，想要識別一個白日夢者卻並不困難，從以下跡象都可以看得出來——從他心不在焉地突然微笑，他自言自語的方式，或是他在幻想的高潮中，突然加快腳步等。

到目前為止，從我所有歇斯底里症的研究可知，其產生原因都是由於這類不由自主的白日夢在現實中幻滅了。如今，我們觀察結果的可信度很高，這類幻想有可能是意識的，也有可能是潛意識的，並且在它們一旦變成潛意識之後，就可能淪為病態的根源。也就是說，它們的表現手法可能是症狀或發病的形式。

在合適的情況下，意識也許可以抓到這樣的潛意識幻想，也就是在我讓自己的一個病人意識到她的幻想之後，她對我說，有一次她在街上突然哭了起來，隨即她又捉摸自己哭的原因，接下來她意識到原來那只是一個幻想。這個幻想是這樣子的：她跟城裡一位非常有名的鋼琴家（他不認識她）發生了非常親密的關係，她為他生下了一個小孩（實際上她並沒有孩子），後來她和孩子被他遺棄了，所以，母子倆無處容身。她在自己的羅曼史發展到這裡的時候，就忍不住哭了起來。

潛意識幻想總是受潛意識影響並且因潛意識形成，或者就是更為常見的，它們曾經一度是意識層的幻想，也就是白日夢，且已經被有意識地遺忘而讓潛抑作用放入了潛意識裡。它

· 《發條桔子》劇照

劇照，庫布里克導演。

劇照中的主人公麥克道爾被施行了恐怖的所謂「逆反治療」之後，已經對女人肉體毫無感覺，不受誘惑了。因為健康的性行為必須是自然的，上世紀七〇年代美國性解放時期，大量被壓制在文藝思潮中的性觀念都被發洩了出來。庫布里克因《發條橘子》一舉成名，表現了年輕一代對偽善專制制度的諷刺。

· 白日夢

羅塞提，1880年，畫布、油彩，159 × 93公分，倫敦維多利亞·阿爾伯特博物館。

綠衣女子置身於一片閃光的樹葉中，她憂鬱的目光、凋零的鮮花，還有周圍濃密樹葉，都表明她沉浸在一個浪漫而憂傷的白日夢幻中。羅塞提是拉斐爾前派的代表畫家，他們提倡單純、理想的理念以對抗維多利亞風格。

們的內容不是保留不變，就是被刪去，所以，現在屬於潛意識的幻想只是以前屬於意識的幻想的產物。

潛意識幻想和人本身的性生活之間，有著非常重要的聯繫。實際上，它與人在手淫時所產生的性幻想一樣。手淫的行為由兩個部分引起：一是出現幻想，二是在幻想的高潮中，以手的動作獲得自慰的滿足。首先這兩個部分必須銜接起來。那種動作，本來只是一種純粹的在從身體某一特殊的性感區獲得快感的自慰過程。後來，這種動作慢慢地與所愛的願望相結合，而轉變成一部分幻想情況的實現。他後來如果對這種用手淫的動作去配合幻想的性滿足方式覺得厭惡的話，此時，這種幻想只不過是由先前屬於意識的幻想變成潛意識的幻想罷了，但卻始終是存在的。可能在沒有其他性滿足的方式代替它的情況下，他依然禁欲而無法讓他的「里比多」得到昇華，也就是說，讓他的性衝動提升到一個更高境界。這種情況就是潛意識的幻想再一次被激動，在此情況下，它會在他性欲的所有衝力之下生長、蔓延，它將得到部分內容的表現，而病的症狀就因為這種表現而形成。

所以，所有歇斯底里症的前身，就是這些潛意識的幻想。歇斯底里症狀只不過是經過「變形作用」所表現出來的潛意識幻想，而且只要症狀是身體產生的變化，那麼，它們肯定是由原本屬於附加在意識層的幻想性上的性感受延伸出來的。這樣的話，可以說中斷的手淫過程再一次被回溯。當獲得了所有病態發展的最後目標——即最初原始性滿足的恢復，那才是病症真正的源頭。但是，那種恢復實際上從來沒有真正實現過，而那種獲得也僅僅只是一種假想而已。

研究歇斯底里的人不久之後，就會把關注從病的症狀移向衍生出症狀的那些幻想上去。精神分析的技術最初就是要讓我

·色情兇殺

格羅斯，1918年，畫布、油彩。

裸體的女人被殺死在床上，肢體殘缺。衣冠整齊的謀殺者，面帶詭秘的神情倉皇逃離。畫面只是一個冷漠的呈現，而沒有道德上的譴責。性與暴力常常有一種相伴相生的關係，這令許多研究者備感興趣。佛洛依德試圖從心理角度來解釋這個現象，隨後的科學研究又試圖從人體激素分泌的情況來解釋它。

們由症狀把潛意識的幻想推論出來，接著讓病人感知到這一些幻想。現在，我們通過這種方式發現，實際上，性變態者獲得滿足的方式（可以意識到的）與歇斯底里病人潛意識幻想的內容，是完全一樣的。

如果有人想要瞭解這種例子的話，他只需要回想一下聞名於世的古羅馬皇帝的秘密狂歡會。當中放蕩形骸的瘋狂現象，儘管可以稱作是主人無拘無束權力下的產物，但妄想狂患者的幻想和這種情形有差不多的性質，只不過，這種幻想在他們的意識層便能得到直接表現罷了。

人的性本能中，總含有虐待與被虐待的部分，是這種情形得以發生的基礎。我們也可以從歇斯底里患者的某一些潛意識幻想裡，把完全和妄想狂患者的幻想相當的部分分析出來。儘管有一部分歇斯底里病患，並沒有用潛意識的症狀去顯現自己的幻想，但卻有意識地用行動去顯現它們，所以，便會在現實裡出現暗殺、暴力和性的侵犯。

這種精神分析式法，必須從顯而易見的症狀到隱含的潛意識幻想裡，去把所有有關心理症患者的性的材料挖掘出來，包括本文所要討論的事實在內。

潛意識幻想在找尋表現出路時遭到意識的阻擋，很可能是幻想和症狀之間關係之所以變得非常複雜的原因。通常在心理症形成且已持續一段時間之後，一個特殊的症狀並不僅僅只對應一個單獨的潛意識幻想，而是與數個潛意識幻想相對應。而且，這個對應也非隨意的，而是受制於一定的規律，這些併發的問題在發病初期不會全部形成。

在這裡，我從大家普遍的興趣出發而中斷以上討論，改用一系列公式詳盡講述歇斯底里症狀的性質。它們不互相牴觸，恰恰相反，相對來說更為完整、分類更為精確，還有一些不一樣的觀點。

1. 歇斯底里症狀是一種象徵，暗示某種（創傷的）印象或經驗的記憶。

2. 歇斯底里症狀藉由「轉移作用」淪為這些創傷經驗再現的替代品。

3. 歇斯底里症狀是一種願望實現的表現，與其他精神作用的結果完全一樣。

4. 歇斯底里症狀是一種實現——完成願望的潛意識幻想。

5. 性的滿足是歇斯底里症狀發生的原因，它是人性生活中某一部分（與他性本能相對應的那一部分）的代表。

6. 從本質上來說，由於嬰孩時期的性滿足方式後來總是被壓抑著，所以，歇斯底里症狀實際就是重現了人在嬰孩時期那種性滿足方式。

7. 兩種矛盾的本能勢力相互妥協的結果，就是歇斯底里症狀。其中一種勢力試圖把性本能的衝動表現出來，而另一種勢力則企圖壓抑它。

8. 歇斯底里症狀也有可能代表各種與性無關的潛意識，但不管怎麼說，它仍然包含有性的意義。

第七項是定義最完整的一個。通過它，可以把潛意識幻想的存在狀況完完全全地瞭解清楚；而藉由第八項，則是可以把性因素的真正意義認識清楚。其他部分的定義也含有這一意義，能夠歸併在一起。

症狀和幻想之間的聯繫，在經過對症狀的精神分析後，讓我們非常瞭解知道性本能中影響人的那一部分，對此，我在《性學三論》中已講述過。部分病例通過這種方法分析之後，得出了不容置疑的結論——光是解決一個潛意識的性幻想，對許多症狀或甚至對含有最重要、最基本的性色彩的症狀

·禁欲與暴力

蓋特伍茲1992年攝於紐約。鏡頭裡的元素，僅是被鎖住的陰莖、被緊握的手槍，以及帶有血汗的手。攝影者似乎以此試圖給觀者解釋禁欲與暴力的關係，佛洛依德則認為，歇斯底里症狀在本質上是社會道德對人性意識的潛抑。

來說並不夠；相反的是，必須處理兩個性幻想才能夠解決症狀，一個是男性的性質，另一個則是女性的性質，所以，這兩個幻想之一肯定有同性戀的傾向。這個新論斷，和我們的第七項定義是相符的，歇斯底里症狀肯定是性的驅使力和潛抑的力量相互妥協的產物，但是，有時它也會是兩種具矛盾性的性幻想的銜接點。

對於這個定律，我將不再舉例說明，但是我的經驗對我說，人們總是無法信服簡短的說明。所以，我要留著這個機會，以後再詳細舉例說明，在這裡，我只打算把下例公式說明並解釋一下。

> 9. 一種男性和一種女性的潛意識幻想兩者結合的表現，就是歇斯底里症狀。

· 陽具崇拜
索德克攝於 20 世紀八〇年代。
少女肌肉緊繃，面帶剛硬的表情，緊握一把雪亮的匕首，置於她女性的器官之上，意在模仿男性的陽具和男性獨有的身體特質，顯然少女幻想著擁有男性的性別特徵。幾乎所有歇斯底里症患者，尤其女性，都具有雙性的傾向，病人會同時在潛意識的性幻想中扮演兩種角色，一個是男人，一個是女人。

我必須清楚地提醒，我並不主張這條公式和其他公式具有相同的適用性。據我所知，它既不適用一個病例的所有症狀，也不適用所有病例。恰恰相反，我們很容易發現，在有些病例裡，總是出現一些兩性對偶的性衝動表現，所以，同性戀的症狀和異性戀的症狀，可以與其潛在兩性的幻想一樣分明。但是，在一般情況下，第九項公式所說的條件是足夠的，而且值得關注。似乎只有我注意到歇斯底里症狀形成的這種複雜性，而這一點，只能是在一個心理症經過很長一段時間，且已經有非常有意義的結構以後，才可以藉由對它的解析得到一些認知。

在許多病例中，歇斯底里症狀的兩性對偶的性質都可以得到展現。這對我的觀點——通過對心理症患者的精神分析，特別可以感覺到人具有兩性對偶的思想——來說，無論如何，是一種有意思的證實。有一個與此非常相似的情形，任何人在他感知到的手淫幻想裡面，把自己既假想為某男人，也假想為某女人。

更深入的情形是，某些得歇斯底里的病人在發作的時候，同時扮演著兩種潛在於性幻想中的角色。比如說，在我所研究的一個病例裡，一方面，病人以一隻手去按住自己的衣服（女人的動作），另一方面卻以另一隻手試圖撕開自己的衣服（男人的動作）。發作的情況，因這些相互矛盾卻又同時並存的舉動，而變得十分曖昧，但是，這也恰好給予隱藏的潛意識幻想在發揮實際作用一個很好的解釋。

對症狀的兩性對偶的意義有所準備，在精神分析的治療中是非常重要的。這樣的話，在解決了一種存在於一個症狀中的性的意義之後，它彷彿並沒有好轉的情況下，我們也不會感到吃驚或誤解。因為該症狀還有另一種相矛盾的性的勢力在發揮作用。我們在這樣病例的治療過程中，還應該觀察病人是怎樣不時藉著引開他的聯想，平行線般轉移到相反的意義上去，這樣的話，我們就可以找出病人躲避分析的直接原因。

附錄二

變形的一齣默劇：
歇斯底里

一、當我們對一個歇斯底里病人進行分析後不久就會知道，這個病症之所以發作，只不過是隱藏的幻想在經過外射與衍變繼而以一種默劇的形式，把人自身運動系統的某種動作表達出來而已。這些幻想都屬於潛意識，只是，從性質上來說，它們和那些直接在白日夢裡觀察到的，或由夜夢的分析中所發現的是一樣的。夢常常代替了病發作的位置，並且通常有助於病的解析，因為在夢和病的發作中，相同的幻想卻是不一樣的表現形式。有人也許想藉觀察病的發作找出它所代表的幻想，但這幾乎是不可能的事。

由於受到「檢查作用」的影響，一般情況下之幻想的默劇表現有所「變形」，這一點和夢的幻覺景象差不多，所以，這兩種表現形式，一開始就讓觀察者對病人的意識感到不可理喻。所以，必須採取與夢的解析所用的相同步驟去分析歇斯底里症。這樣，不但我們對產生變形的力量與產生這變形作用的目的的分析，和那些我們所熟悉從夢的解析中得到的一樣，而且就連所採用解析變形作用的技巧也一樣。

（1）由於病症用一樣的材料同時包含多種幻想，也就是

·世界毀滅於洪水

居斯塔夫·杜雷，銅版畫。

杜雷（Gustave Dore）是19世紀法國版畫家，因他為但丁《神曲》製作的插畫精彩絕倫，幾乎讓人們毫不懷疑天堂地獄的存在而名聞遐邇。杜雷還創作了完整的《新舊約全書》版畫集，畫面波瀾壯闊，大氣縱橫，本圖即為其中一幅。基督教上帝因為人類的墮落而決定用洪水毀滅這個世界，將人類與飛禽走獸全部淹死，只有諾亞一家因為虔誠得到寬恕，上帝讓他把全部動植物各帶一雄一雌，住進事先造好的方舟裡。黑暗的背景中，方舟的陰影顯得絕望而恐怖，但這其中卻蘊涵著希望。聖經故事對現代乃至將來的人都不無啟示意義，因為放縱和驕傲是人性最顯著的缺點，而欲望正是它的根源。在心靈的洪水中，杜拉和人類的祖先一樣，難以抗拒肉體的誘惑，卻不得不面對神秘的天譴：噩夢。

說，濃縮之後就變得不可理喻了。兩種或多種幻想相同的特點組成了表現的核心，夢也是這樣的。在一般情況下，這種重合的幻想屬於不同的種類，例如，一個是近期才產生的願望，一個是嬰孩時期願望的復甦，兩個目標讓同一個激動因素服務——這通常是最巧妙的。歇斯底里病人利用濃縮作用到某種程度時也許會發現，對他們來說，一種發作形式就可以了，而其他人為了表現病態幻想的多重性，

則需要數種發作形式。

（2）病人同時扮演幻想中兩種人物的角色決定病症的發作情形，也就是說，他擁有多重認同作用，以便讓這種幻想變得難以理解。我曾有過這樣一個病例，病人用一隻手去撕自己的衣服（男人的角色），同時卻用另一隻手去按住自己的衣服（女人的角色）。

（3）激動因素的反向倒錯，是變形作用中特別有效的形式。這就像在夢的工作中，很平常的某種性質變成了其相反性質的作用。例如，擁抱在歇斯底里的發作時，也許會表現為抽搐似的兩臂向後抱，直到兩手合於脊柱上。這種與一般擁抱背道而馳的動作，不過只是一個反向倒錯特別明顯的例子。

（4）同樣讓人容易混淆和誤解的是，事件在幻想中發生秩序顛倒，在某些夢中，這也有與它完全相符合的情形，事件把結尾當成開頭，把開頭當成結尾。比如，某一個歇斯底里病人有性挑逗的幻想，內容是這樣的，她到公園裡去看書，她的裙子稍稍抬高，所以她的一隻腳露了出來，一個男士走來並向她搭訕，於是他們到某個地方去做愛。這個幻想在病發作時可能會這樣扮演，最初便是性交時的抽搐時段，接著她起身，到另一個房間去，坐下來拿書看，說出想像中搭訕的話。

從前面最後提到的兩種變形作用的形式，可以看出，即使在受潛抑的材料藉著歇斯底里的發作已突破意識的束縛之際，它所面臨的意識對它的抗拒力量，仍是非常強大的。

二、歇斯底里症的發作有固定規律可循。既然「里比多」（性本能）的彙集和理想的內容（幻想）是被壓抑情意的組成

・少女的幻想

波里斯・瓦萊約，當代繪畫。

色情幻想，幾乎是所有少女都經歷過的青春期心理歷程。瓦萊約（Boris Vallejo）是當代浪漫主義科幻畫的代表人物，他描繪了最為狂野不羈的性的幻想，甚至包括與魔鬼做愛。

部分，那麼，病的發作方式也許是這樣被引起的：

（1）連帶關係。在意識層面的事件為情意中的內容所激動的時候。

（2）器官性的。在某些外在影響力或內在身體

·擠壓

沃夫岡·皮埃特佐克攝於
1989年。

攝影家在玻璃上讓模特兒將
某一個動作擠壓在墨水或其
他顏料塗抹過的玻璃上，經
過處理之後，達到令人驚喜
的效果。充滿擠壓感和張力
的攝影作品，似乎在某種程
度上直觀地表現了人在精神
上所承受的擠壓狀態。性的
驅力與潛抑力量的衝撞與互
相妥協，都會導致歇斯底里
症狀的發生，這種看不見的
擠壓狀態時刻威脅著人的心
理健康。

性因素，讓性本能的彙集逾越了某種尺度的時候。

（3）現實環境如果讓人痛苦或感到害怕，病
的發作在初級獲得的傾向之下，作為「逃入病中」
的表現，便變成了一種逃避式的撫慰。

（4）次級獲得的傾向和病的狀況相聯結，只
要病人可以利用病的發作達到目的話。發作的目標
如果針對某特殊人物，那麼，它會在那些人物接近
他的生活之後才發作。

三、從歇斯底里病人童年生活史的研究可知，
歇斯底里的發作只是代替病人最初實行而後來放棄
的自體性欲滿足。在很多病例裡，在病發作而且意

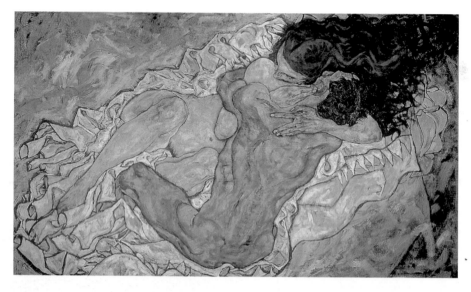

·擁抱

艾根·席勒，1917年，畫布、油彩，100 × 170公分，維也納奧地利藝術博物館。

顫抖的筆觸令擁抱顯得如此緊張，似乎對這對情人正處在極度不安的氛圍中。席勒的筆觸明顯帶有佛洛依德無意識理論的影響，他感受人性深層的東西準確而強烈，繪畫風格大膽尖銳，曾一度因「畫猥褻作品」的罪名入獄。

識受到變形作用之時，會再度獲得這種滿足（利用手的動作或大腿壓力或舌頭運動等來自慰）。病之所以會發作，是由於性本能加強了，以及作為一種獲得初級撫慰的傾向，於是，讓病人曾有意識地使用的自我滿足的情況發作，重新恢復以前，可以把病情分為以下幾個時期：

第一個時期，自體性欲得到了滿足，但理念上的判斷非常缺乏。

第二個時期，幻想和自體性欲滿足相配合，由動作讓幻想達到高潮。

第三個時期，摒棄了自慰動作，但卻依然存有幻想。

第四個時期，由於保留的幻想被潛抑住了，所

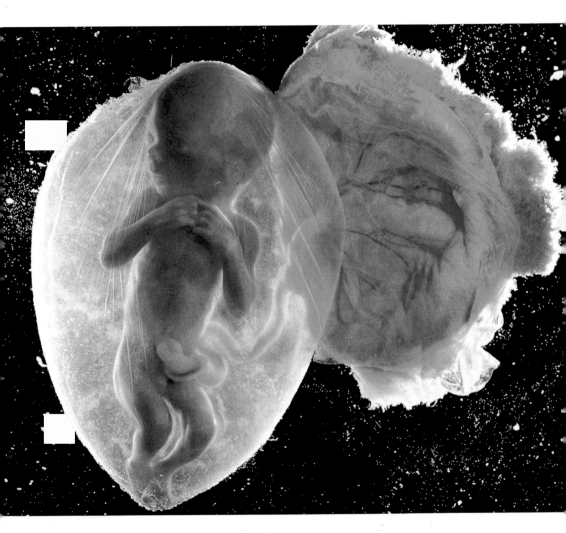

· 人的開始

倫納特·尼爾森攝於 1965 年。

有關人類的性欲，佛洛依德在他的《夢的解析》一書中提到，人類的性意識早在胎兒時期就已經存在了，他提到子宮中的胎兒試圖親吻自己的生殖器官的情況。20 世紀六○年代，倫納特·尼爾森發明了體內拍攝技術，使人類第一次看到了生命初始的樣子，使當時的人們感到一種自我認識的巨大興奮。

以，幻想試圖藉著歇斯底里病症的發作擺脫潛抑作用，而病症發作的內容，要麼經過一定程度的修飾而與新的經驗相對應，要麼與幻想一致。

第五個時期，自慰動作正是通過病症的發作得以重現，此前這種動作是屬於幻想，因而被摒棄。

潛抑，潛抑的失敗──這是性活動在嬰孩時期的典型循環史。接著是被潛抑事物的又一次浮出水面。

當然不能認為尿失禁與歇斯底里症的診斷不符，它僅僅是嬰孩式夢遺（尿床）的一個翻版。再者，咬舌頭在很多歇斯底里病例都存在，這與做愛時的情況差不了多少。在這種情況下──在醫生的詢問中引起病人注意到鑒別診斷的困難時，這種情形是比較容易發生的。在歇斯底里發作時也可能產生（多半是男性）自我傷害，所以，就會再度出現小時候所發生的意外事件（比如說打鬥）。

丟失了意識。任何強烈的性滿足（自慰也包括在內）所達到的高潮中，都可以發現歇斯底里發作時的「失魂」狀態。少女歇斯底里的「失魂」如果是由於「夢遺」，那麼它的發展過程是最為清楚的。而所說的催眠狀態，歇斯底里的伴隨者──白日夢中的「失魂」，它的起源也是這樣。

這些「失魂」狀態的組成部分是非常簡單的。首先，把全部注意力都集中到性滿足這個過程上，但在滿足發生的那一刻，這種聚精會神卻突然消失了，所以，就會出現短時間的意識喪失。這種暫時的意識空白──也可以說是生理上的──便成為了潛抑使用所利用的對象，從而在這空白裡填上潛抑使用所排斥的材料。

　　四、與性交行為有關的反射機制——在激烈的性活動中，我們所見的適用於任何人（包括女人）——表明了在病症發作的時候，被潛抑的性本能發洩的途徑。古代人把性交稱為是一種「小癲癇」。我們可以把它修改成：歇斯底里發作時的痙攣，和性交時的痙攣是差不多的。把它與癲癇的發作做對比，對我們不會產生太大的幫助。因為相對於對癲癇的病理瞭解來說，我們對歇斯底里症知道得更清楚一些。

　　總而言之，在女人中，不管哪一類型的歇斯底里症發作，所喚起的肯定是她孩提時代某種形式的性行為，當時，這種性行為肯定具有男性的意味。此外，我們還發現，就是那些少女——在青春期以前就表現出男孩子特徵，在成長到青春期的時候才更容易得歇斯底里症。從我所知很多病例分析可以看出，歇斯底里心理症只不過是一種過度期間必然出現的潛抑作用，這種作用漸漸消除了她們性的願望裡男性化的那一面，突出了其本身所擁有的女性化一面。

國家圖書館出版品預行編目(CIP)資料

佛洛依德談戀父情結：少女杜拉的故事 / 佛洛依德
(Freud Sigmund)著；丁偉譯. -- 再版. -- 臺北市：信實
文化行銷, 2012.03　22-20425
　　面；　公分. -- (What's art ; 18)
譯自：Dora an analysis of a case of Hysteria
ISBN 978-986-6620-51-5(平裝)
1.精神分析學　2.個案研究

175.7　　　　　　　　　　　101003812

What's Art 017
佛洛依德談戀父情結──少女杜拉的故事

作　　　者：佛洛依德（Freud Sigmund）
譯　　　者：丁偉
總 編 輯：許汝紘
副總編輯：楊文玄
美術編輯：楊詠棠
行銷經理：吳京霖
發　　　行：楊伯江、許麗雪
出　　　版：信實文化行銷有限公司
地　　　址：台北市大安區忠孝東路四段 341 號 11 樓之三
電　　　話：（02）2740-3939
傳　　　真：（02）2777-1413
www.wretch.cc/ blog / cultuspeak
http://www.cultuspeak.com.tw
E-Mail：cultuspeak@cultuspeak.com.tw
劃撥帳號：50040687 信實文化行銷有限公司

印　　　刷：久裕印刷股份有限公司
地　　　址：新北市五股區五股工業區五權路 69 號
電　　　話：（02）2299-2060

總 經 銷：高見文化行銷股份有限公司
地　　　址：新北市樹林區西圳街一段 117 號
電　　　話：（02）3501-9778